パリ

世界各地を旅してきた私が
惹かれ続ける愛おしい街

下重暁子
河村真奈

JIYUKOKUMINSHA

はじめに

パリと聞くと、胸がキュンとする。懐かしさ、愛しさ、寂しさ、もろもろの感情で胸がいっぱいになる。一度でいい、住みたかった。しかし大学を出て毎日仕事に追われるうちに、今の年齢になってしまった。

そのパリに当時十年以上住んでいるという女性が、私が審査員を務める旅行作家協会のエッセイ賞に応募してきた。ヴァカンスにイタリアの貴族の家へ遊びに行ったときの話である。華やかな館でのきらびやかな日常が素直に書けていて大賞に選ばれた。審査員の羨望も混じって。

授賞式には彼女の実家のある名古屋から、母、姉、姉の子供二人と、パリから帰国した本人がにぎやかにやって来た。それが河村真奈さんである。

パリでの再会を約した一年後、私とつれあいが恒例によりパリへ出かけたとき、シャンゼリゼ通りに近い常宿のランカスターへ彼女が迎えに来て、夕食を共にした。当時私は日本自動車振興会（現ＪＫＡ）の会長だったので、一年に一回、自転車の室内競技の世界選手権に出掛けるたびに、必ずパリに立ち寄っていた。それまでもパリは何回も訪れていたが、十年以上生活した彼女ならではのパリに連れてゆかれ、南仏や北の海など、知らない風景や文化に触れることができた。

多摩美大を出て、西洋美術を本場で学び直したいと渡仏し、マティスの研究に至った彼女の感性は私と相通じるところがあり、会うたびに共に行動した。何しろペラペラな彼女のフランス語で人知れぬ味に出会ったり、隠れ家のような美術館に目を見張ったり。楽しい刻《とき》を持つことができた。

そのたびに新しい友人が増えた。版画家でパリ市内と郊外に家とアトリエのある、長谷川彰一さんと妻の洋子さん。彰一さんは残念ながら昨年亡くなられたが、かつて女優だった洋子さんは現在もパリ在住。以前からの友人で画家の黒須昇さん、柔道家の安本総一さんなどを含めて交友が拡がった。セーヌ川に浮かぶ船上で食事を共にした小説家の金原ひとみさんは、当時夫と共にパリに住み、真奈さんにフランス語を習っていたのだった。

コロナ禍で五年ほど空いたが、昨年パリに立ち寄ったときは名古屋に戻っていた真奈さんの代わりに彼女の友人、料理研究家の宮内好江さんが再開したピカソ美術館などへ同行してくれた。人は人を呼ぶ。これまでたくさんの人や、たくさんのパリに出会った。その一部をお教えしようと思う。

私のパリは本当はあまり知られたくないけれど、あなたのパリが拡がるお手伝いができれば幸せである。

想いを馳せて……

下重暁子

目次

Chapitre3
パリの街を彩る文化—食とその奥に見えるもの—

Chapitre4 パリに生きてパリに眠る―芸術と共にある暮らし―

大物作家たちが時を過ごしたロッシュ・ノワールが海の前に建つ。

美しく手入れされたル・ノルマンディーの庭。

映画『男と女』の舞台になったホテル、
ル・ノルマンディー。

今も訪れる人が後を絶たない画家・シャガールの墓。

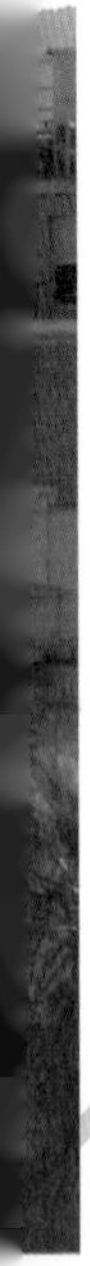

ニースの街を美しく縁取る天使の湾。多くの旅人が訪れる。

神秘的な雰囲気の漂う村、ドルチェアックアは異世界に迷い込んだような気分にさせる。

マティスがニースでの時間を過ごした建物が今も残る。

パリのピカソ美術館にゆったりとした時間が流れる。

種類豊富なフランスの牡蠣。
いろいろと食べ比べを楽しみたい。

定番料理を気軽に楽しめるポリドール。開店時間に合わせて行くのがおすすめ。

フランスのカフェやビストロの定番料理、ウフ・マヨ。

右から下重さん、河村さん、下重さんの夫・大野弘義さん。

昼も夜もパリを訪れる人を魅了するエッフェル塔。

モンマルトルの劇場、テアトル・ド・ラトリエは1822年から歴史を刻む。

赤いひさしと花が印象的なパリ中心部のホテルは道行く人も楽しませてくれる。

セーヌ川に掛かる橋にはそれぞれ異なる風情が感じられる。

川べりから眺めたり、船に乗ったり、セーヌ川を思い思いに楽しむ。

パリを離れ、田舎の素朴な料理を
味わうのも旅の楽しみ。

版画家・長谷川彰一氏とヴェトウイユの渡し舟に乗る。

プロローグ——オリンピックが私をパリへ導いた——

二〇二四年七月、パリ・オリンピックが開かれる。私とパリとの関わりはオリンピックが機縁である。

一九六四年、戦後初めてのオリンピックが日本で開かれた年、NHKにアナウンサーとして勤めていたが、当時はスポーツ中継など皆、男性アナウンサーが担当した。通常番組がすべてスポーツ中継になったため、出演する番組がなくなり、その間長期休暇を取って、パリをはじめとするヨーロッパの都市、次いでソビエト（現ロシア）へ出かけたのだった。

学生時代に憧れたフランス映画と、東京日仏学院[*1]やアテネ・フランセ[*2]等で学んだフランス語、詩、シャンソン、映像など、フランスかぶれの毎日の中で長く夢見た土地ではあったが、実際のパリと私を結び付けたのは、オリンピックが始まりだったのである。

フォーブル・サン・トノレの高級ブランドが立ち並ぶ谷間にひっそりたたずんだ小さな宿は、知人に紹介された所だった。そこでルームキーを渡してくれたのは、私の好きなフランスの男優、ロベール・オッセンに似たちょっとニヒルな男だった。それだけで胸がときめき、私はその男の横顔を時折、盗み見た。それが彼に異性として興味を持ったという誤解を生むとは、夢にも思わずに。

夕暮れが、私を迎えに来た。当時のNHKパリ支局の特派員とカフェで簡単な食事を取った後、モンマルトルの丘へ誘われた。肩を抱かれながら『パリではみんなこうするんだよ』という言葉に従って、初めての街をさまよい歩き、パリでの男と女の流儀についての洗礼を受けたのだった。

まだ女の一人旅など珍しく、戦後復興後間もなかった。一ドル三百五十円で、外貨持ち出し制限もあった。日頃映像と音声でのみなじんでいたフィクションの世界に突然投げ込まれて、私は戸惑っていた。

下重暁子

＊1　一九五二年創立。フランス政府の公式機関アンスティチュ・フランセが運営する、東京・飯田橋の語学学校・文化センター。

＊2　一九一三年創立。東京・御茶ノ水にある語学学校。谷崎潤一郎や竹久夢二等の著名人も多く学んだ。

Chapitre

1

パリから北へ

隣合う二つの街が織り成す景色

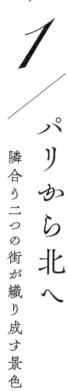

パリといえばセーヌ川と橋

下重　私はパリというのは、なんといってもセーヌ川と橋[*1]だと思ってるのね。橋の上から川の流れを見るのが大好き。それから市内を巡るときは、いつも橋を目印にして、自分が今どこにいるのかっていうのをわかるようにしていたの。迷子になってしまったら、その橋まで戻って、地図を見て、また歩き始めるという感じで。

ある時、セーヌ川を眺めながらレストランでお茶を飲んでいて、ふと思ったの。セーヌ川って、一体どっちが川上で川下なんだろう？　って。セーヌ川を市内の地図で見ると、東西に弧を描いて流れているように見えるでしょう？　だから地図を見ただけではどっちがどっちだかわからない。でも、上下はあるはずよね？

河村　そのレストランは、グルネル橋の近くにあるラ・プラージュ・パリジェンヌですね。セーヌ川の洪水で浸水する憂き目に遭いましたが、再開したときは嬉しかった。私も大好きなお店です。確かにどちらが川上で川下か、考えたこともなかったですけど、セーヌ川の水源はフランス東部のディジョン近くで、パリを東西に横切った後、イギリス海峡へと出ます。ということは、川上は東で川下は西ということになりますね。三十年以上パリで暮らしてきましたけど、そんなふうにセーヌ川に寄り添ってパリとフランスを見たことはありませんでした。

下重　でしょう？　セーヌ川をたどっていくとどんな所へ行けるのか知りたいと思って、私、ある時実行に移したの。もう十五年ほど前になるかしら。ＪＫＡ（旧日本自転車振興会）の会長をしていたとき、フランス南西部のボルドーで世界選手権が開催されるということで、パリに行く機会があったの。その時、通信社の特派員がアテンドしてくれて、どこへでもお連れしますよと言うので、それならと、セーヌ川に沿って走ってほしいと頼んだのよ。

河村 北西の方角へ向かったわけですね。

下重 そう、あてどなく（笑）。途中、ノルマンディーのジヴェルニー*2にあるモネの家に寄ってみたけれど、その時は花もほとんど咲いていなくて、あまり感動しなかった。だからそこは簡単に見るだけにして、そこからさらにセーヌ川に沿って走ったの。向かった先がドーヴィルだったのね。

日本ではどちらかというと南フランスが人気だけど、私はどうしても北に惹かれるのよね。北って、日本もそうだけど哀愁があるでしょう。北には人の心を揺さぶる詩情がある。明るく開放的な南に比べて、何とも言えない旅情がある気がするの。私の中では北は文学者、南は画家というイメージ。絵画には降り注ぐ太陽の光が大切だから。

やるせない恋が似合う街「パリ二十一区」ドーヴィル

河村 ドーヴィルはパリから二百キロ、車で二時間半くらい走った所ですね。週末になるとドーヴィルに家を持つパリジャンたちが移動することから、「パリ二十一区[*3]」なんて呼ばれるようになったんですよ。素敵なホテルや競馬場、カジノがあって、国際映画祭も開催されるフランス屈指のリゾート地です。

下重 私はもともと『失われた時を求めて[*4]』を書いたプルーストが大好

きで、作品に描かれ、彼自身が繰り返し訪れたノルマンディーの街にいつか行ってみたいとひそかに憧れを抱いていたの。あの小説の中の、確か「花咲く乙女たちのかげに」の巻だったかしら？

河村 『失われた時を求めて』！　私は途中で挫折しました……。

下重 もったいない！　最後まで読まなきゃだめよ。読むのは難行苦行だけど、最後まで読み終えたときは「やった！」って達成感があるわよ。

河村 はい、もう一度がんばります（笑）。えっと、パリから北西のジヴェルニーを経て、さらに北のドーヴィルへ向かわれたんでしたね。

下重 そう、ようやく長い間憧れていた場所の土を踏むことができたの。

河村 ドーヴィルが世界的に有名になった契機は、やはり一九六六年に制作された映画『男と女』ですね。クロード・ルルーシュ監督の名作です。

下重　実際に行ってみると、単なるお金持ちのための高級リゾート地というわけではなく、フランスっぽいシックでアンニュイな雰囲気が感じられる。大人のラブストーリーが本当に似合う所だと思ったわ。「ダバダバダ、ダバダバダ……」と歌う、フランシス・レイが世界中で有名になったわね。

河村　パートナーとそれぞれ死別した男女が、お互いの子供達が通う学校のあるドーヴィルで出逢い、惹かれ合う。男と女の繊細な心の動きが、セピア調の美しいドーヴィルの風景と相まって、ゆっくり流れて行く。実を言うと私も、ドーヴィルを旅したのは恋の痛手を負ったのが始まりだったんです。

下重　えっ、本当に？　詳しく聞かせて。

河村　もう何年も前の話ですよ。エジプトのナイルクルーズで知り合ったフランス人男性と恋に落ちたんです（笑）。七日間ほどのクルーズで、彼は私と同じ遺跡を巡るフランス人グループの中にいて、それで親しくなりました。パリに共通の知人がいることもわかって。クルーズが終わりに差し掛かり、いよいよ別れの日が近づいてきたとき、船の廊下でばったり会ったんです。すると彼は私に「パリで会えるよね」と言って、連絡先を渡して来ました。

下重 さすがはパリの男ね、誘い方がスマート！　でも、何で終わってしまったの？

河村 彼、そのクルーズに女性と参加していたんですよ。だから、お付き合いをするということにすごく抵抗がありました。とは言え、その時はそこまで考えていませんから。やっぱりもう一度会いたくて、パリに帰ってから電話をしてしまいました。

下重 そのまま突っ走ることはしなかったと……？

河村 互いに惹かれていても、前には進めない。このまま彼といても幸せにはなれない、この恋は成就しないなと思ったんです。それで、ドーヴィルへ傷心の旅(笑)。ドーヴィルはそういう心情にドンピシャなんです。『男と女』もそういうお話だったでしょう。お互いに好きなんだけど、想いを貫けずにいる。私の場合、ともかくかき乱された気持ちから逃れたくて、ドーヴィルへの電車に乗ったんですけど、パリからドーヴィルへ向かう車窓の風景にとても癒されました。薄桃色の花咲くりんご畑とか、放牧されている牛の群れとか、そんな長閑な景色が広がっていて。

下重 ノルマンディーには、印象派の絵画に描かれた風景がそのまま広がっているものね。ドーヴィルではどのあたりに滞在したの?

河村 それが当日は土砂降りの雨で、何の予約もしていなくて。駅前の何てことない小さなホテルに泊まったんです。確か「ラ・ポスト」っていう名前でした。

ドーヴィルとは対照的な漁師町、トゥルーヴィル

下重　ラ・ポスト、かわいい名前ね。もともと郵便局だった建物を使っているのかしら。滞在中はずっとそこで過ごしたの？

河村　いいえ、翌朝は雨で洗い流されたかのようにみごとな快晴になったんです。それで、ホテルの近くにあるドーヴィル・トゥルーヴィル駅へ出て、海がすぐ近くに見えたトゥルーヴィル方面へ向かいました。駅を出て左へ向かうとドーヴィル、右へ向かうとトゥルーヴィルなんです。

下重　面白いわよね。駅の右と左でまったく違う街になる。

河村　ええ。それでトゥルーヴィルの海岸へ出て、きらきら光る雨上がり

の海を眺めながら、白木のプロムナードをずっと歩いて行ったら、その手前で素敵なオーベルジュを見つけたんです。

下重 オーベルジュっていうのは食事も出す、こぢんまりとした家庭的なホテルよね。ハイグレードな星付きホテルもいいけど、フランスはそういう宿も素敵よね。

河村 そうですよね。「ル・フロベール」という名前の瀟洒なホテルで、白壁に組木を配したノルマンディー様式の作りになっていて、海岸沿いに建っていました。エレベーターはギシギシと音を立てる、手で扉の開閉をするレトロな物で、フロントの人が温かく迎えてくれて。一目で気に入り、宿をそこに替えました。案内されたのは海に面した角部屋で、景色がぐるりとスクリーンのように見える開放的なお部屋でした。目の前が海で、心地よい波音が一日中、ザザーッ、ザザーッと聞こえてくるんです。

一階にあった「レ・キャトル・シャ（四匹の猫）」というレストランもすごく雰囲気が良くて、ここで行き交う人たちを見ていると、なんだか自分がフランス映画の一場面に紛れ込んだような気分になりました。リゾート地なんですけど、作られた感じがなく、人々のストーリーがそこにあるような。ここに数日滞在していたら、物悲しい気持ちさえもまた、人生のエッセンスで美しいものなんだって、そんなふうに思えてきました。

下重

確かに洗練されたドーヴィルも素敵だけど、トゥルーヴィルにはドーヴィルにない、素朴で飾らない魅力があるわよね。私もトゥルーヴィルは本当に好き。特にあの海沿いの木道がいいわよね。日本にもああいうのがあればいいなと思うけど、日本は湿気が多いから難しいのかな。どこまでも続く木道は、あの場所ならではの情趣よね。人気《ひとけ》のない海岸にはトリコロールのパラソルが風にはためいて、カモメが寂しげに鳴いて。

あなたの話を聞いていたら、私も自分の失恋を思い出しちゃった。私とその相手とはどこまでも平行線だった。あの海の木道と水平線みたいにね。歩いていて思ったのよ。私と別れた男とは、この木道と海のように、決して交わることはないんだなって……。トゥルーヴィルの海岸の砂の色が、南国みたいに真っ白じゃないところがまたいいの。湿っぽくて、褐色がかっていて。忘れがたい思い出ね。

デュラスのアパルトマンでの特別な体験

下重　トゥルーヴィルといえば、なんと言ってもマルグリット・デュラス[*5]ね。でも、ここに彼女が晩年を過ごした場所があるってことを、私は知らなかったの。だからあなたに連れて来てもらったときは、本当に驚いたのよ。

河村 ロッシュ・ノワール[*6]ですね。あそこへ行けばデュラスの何たるかがわかるから、ぜひお連れしたかったんですよ。木道を歩いて行くと最後に着く、行き止まりの所ですね。

下重 その道をずっと歩いて行くと崖があって、そこに忽然と現れる。それほど広くない庭があって、白いデッキチェアなんかが置いてあった。名残のバラがわずかに咲いていて、まわりの砂浜では子どもたちが遊びまわっていて。ただ、私のイメージではもっとどんよりとした、いかにも北の海岸という雰囲気を想像していたんだけど……。

河村 トゥルーヴィルは確かに、曇り空のグレーがかったお天気の日が多いです。でも、晴れ女の先生が訪れた日はすっきりとした快晴でしたね（笑）。

下重　ジャンヌ・モロー主演の『デュラス、愛の最終章』という映画の舞台にもなった場所ね。デュラスは晩年、ここで四十歳近くも年下の恋人、ヤン・アンドレアと共に過ごした。今はデュラスの息子さんが住まわれているし、民間の住宅だから本来、中に入るなどできないのだけれど……。

河村　あの時はたまたま外にいた管理人さんみたいな人が、私たちに気づいて声を掛けてくれたんですよね。ラッキーでした。

下重　本当に、あんな幸せなことってない。デュラスもさることながら、あそこはプルーストも一時過ごしたことのある場所だと掲示されていたでしょ。私はそれにも感激して、これはすごい所に来ちゃったぞと思ったわ。

河村　それで話し掛けてくれた管理人さんに「ここにデュラスが住んでいたんですよね」と聞くと、「彼女の部屋まで上がりますか？」って言うから、もうびっくり！　一般公開している場所ではないから、そうそうないことだと思います。

下重　「Oui《ウィ》（はい）！」と二つ返事で中に入ったわね（笑）。あの映画の中で私がよく覚えているのが、デュラスとヤン・アンドレアの二人が激しく喧嘩するシーン。ジャンヌ・モロー演じるデュラスが「お前なんか、パリへ帰れ」と、ヤンの荷物を海に向かって全部投げ捨てる。ジャンヌ・モローのちょっと意地悪な表情がいいのよね。階段を上がって二階の中央の部屋、正面の窓からは一面に海が見えて。ここにデュラスが立っていたんだと感慨深いものがあったわ。二人は喧嘩したり、また戻ってきたりを繰り返して、十六年ほど一緒にいたそうね。でも、私はデュラスの気持ちがよくわかる。デュラスは若い頃は好き放題やって、晩年は一人ぼっちになって、やっぱり寂しかったんじゃないかと思うのね。そこへ若い男がやって

河村　来るわけでしょ。心が揺さぶられるのも無理ないと思う。
先生って、デュラスにちょっと似てますよね。

下重　そんなこと、初めて言われた（笑）。私にとっては最高の褒め言葉ね。
このトゥルーヴィルの旅は、フランスで過ごした時間の中でも特別なひとときになった。北のイメージがデュラスと重なって深く印象づけられて、フランスやパリへの愛着が一層強まった気がするの。

ドーヴィルとトゥルーヴィル、それぞれの魅力

下重　それにしても、もともと漁師町で庶民的な雰囲気のトゥルーヴィルと、お金持ちの街ドーヴィルが隣り合っているって、本当に面白いわよね。

河村　そうですね。ドーヴィルは第二次世界大戦中、お金持ちの人たちが疎開してきた土地なんです。そこでシャネルがマダムたちのためにブティックを開き、その後『男と女』がカンヌ映画祭でグランプリを取ってこの街は世界中に知られるようになり、競馬場やカジノなどさまざまな娯楽施設が次々と出来て、有名リゾート地になったわけですね。

下重　『男と女』のロケで使われたホテル、ル・ノルマンディーは、茅葺の屋根がシックで素敵よね。入口にはかっこいいスポーツカーが停まっていたり、辺りのバラの木はきれいに刈られていたりして。あのホテルには憧れる。今度泊まってみたいな。私、賭け事が好きだからカジノにも行ってみたいし。ホテルのすぐ近くには宿泊客御用達のような高級ブティック街もあって、ああいう店では買い物をしたくなる。置いてある物のセンスが良くて、はっきりした白を中心に

河村　した色彩の物が多かった。

ホテル・ル・ノルマンディーは、ベル・エポック[*7]のカフェ・ソサエティ（きらびやかな社交界）が再現されているような雰囲気があります。皆おしゃれして、少し気取っていて。すれ違いざまに目で会釈したりして、ちょっと非日常の世界なんですけど、私は好きですね（笑）。ドーヴィルでは映画祭も開催されるので、シーズンには各国のスターがやって来ます。比較的最近の出来事で言うと、ここでサミットも行われました。人がパリほど多くないですし、警護しやすいのかもしれませんね。

ちなみにトゥルーヴィルの方は、フランス映画界のスターや有名作家が結構住んでいて、世界のＶＩＰも訪れます。先生と一緒に海岸沿いのブラッスリー[*8]、レ・ヴァパールに行きましたが、ここには有名な女優も来るんですって。一番人気は深鍋で蒸したムール・

マリニエール[*9]。おしゃれな料理とは言えないけれど、磯の香りがプンプンする野趣あふれる味がいいんでしょうね。冷えた白ワインと一緒に、いくらでも食べられてしまいます（笑）。

下重 ドーヴィルとトゥルーヴィル。ある意味相反する街が共存できるのが、フランスらしい気がするわね。

個があって、自由があるフランス人

下重 私ね、あの後日本へ帰ってから、何度も何度もデュラスの家へ行ったときのことを反芻したのよ。木道と、暗い海と、崖の上の建物と、それからデュラスが共に暮らした年下の男。それを考えながら、私もあの頃のデュラスくらいの年齢になったら、三十以上年下の男を必ず見つけてみせるって（笑）、そんなことも思ったの。実際、それに近からず遠からずということもあったけれど。

河村 えっ！　本当に⁉　すごい‼

下重 前にも言ったけど、デュラスには寂しさや焦りがあったと思うの。その焦りの中で、ヤン・アンドレアという男性がいたからこそ、デュラスは最後まで物を書けた、感受性を持ち続けることができたんだと思うのね。それは私も見習うべきだと思ったの。無理して見つける必要はないけどね。

河村 フランスでは年の差婚って当たり前のようにありますけど、ものすごく年の離れた富豪と若い女性の結婚などは、どうしても財産とか地位とか、その背景にあるものが見え隠れしてしまう気がするんです。その点でいうと、ヤンは偉い。文学者としてのデュラスに心底惚れ込んだんだと思うんです。ファンの一人だったヤンが五年ほどの文通期間の後に、憧れの作家と一緒に生活することになったんですからね。

下重 デュラスが亡くなった後、彼女の本の整理をし、自分自身も物を書き始めてね*10。

河村 それを実際に行うのがすごいですよね。デュラスの文学の世界にのめり込み、作家としてのデュラス、ついには一人の女性であり、人間としてのデュラスに自分の人生をコミットしてしまう。さすがフランス人だなと思います。そのくらい、自分が惚れ込んだものに入り込める。だから愛の国と呼ばれるのではないでしょうか。

日本人が世間体や現実的なことを気にするのとは対照的に、フランス人は世間や人がどう思うかより、自分の思いで動く。現大統領のマクロンさんがまさにそうですよね。演劇に打ち込む高校生だったマクロン大統領の恩師が、ブリジット夫人。立場を超えて知性と感性、魂が共鳴したというのか。そういう選択ができるマクロン大統領とブリジット夫人が素敵だけど、それを普通に受け入れるフランス国民もすごい（笑）。

下重　私もそんなふうに生きていきたいと思う。実際にできるかどうかわからないけれど、憧れがある。フランスの中にある自由な愛の形、愛こそ人生というのかな。フランスに行ったら、そういうものをぜひ感じて帰ってきてほしいな。

河村　パリはもちろん、フランスにはそんな空気が漂っていますからね。それは男女の愛の世界に限りません。人と人のつながりの中にある喜怒哀楽、人情、優しさ。暮らしの中にあるちょっとした詩情《ポエジー》。そういったものの中から絵画や音楽といった芸術が生まれる。

例えばモネが連作で描いた「ルーアン大聖堂」は、一日の日照時刻で大聖堂の見え方がまったく違っていて、そこで初めて「印象派」

とは何かがするっと理解できたりする。ノルマンディーの海岸を歩けば、海の色が本当に絵の具の優しいペールグレーであることが伝わってくる。シャンソンはフランス人の愛や人生の喜怒哀楽を歌にしたものですし、街を歩けばシャンソンで歌われた詩情をいたる所で感じることができる。せっかくフランスを旅するなら、その場所に自分で行くことでそういうものが肌で解る瞬間があるというのかな。こんなふうにさまざまなところからパリやフランスの魅力を感じ取ってもらえたらいいですね。有名観光地を巡るだけで終わらせるのは惜しいと思います。

下重　自由なのよね、フランスの人たちって。自分の中に個があって、自由がある。世間より自分の感覚っていうものをもっと大切にしていいんだよって、そんなことを教えてくれる気がするの。

＊1　セーヌ川には多くの橋が架かり、最古のポン・ヌフや美しい装飾が施されたアレクサンドル三世橋など、個性豊かな姿が街の景観を形作っている。多くの詩や絵画、シャンソンなどにも謳われて来た。

＊2　印象派の画家、モネがその生涯を閉じるまで四十年以上を過ごした。彼の遺した家と庭を訪れる人は今なお後を絶たない。

＊3　実際のパリは一区から二十区に分けられている。

＊4　フランスの小説家、プルーストが手掛けた長編作品。

＊5　フランスの小説家。一九一四〜一九九六年。代表作に『太平洋の防波堤』『ヒロシマ・モナムール（ヒロシマ、わが愛）』『ラ・マン（愛人）』などがある。

＊6　トゥルーヴィルの海辺に建つ豪勢なホテルだった建物で、モネの作品にも描かれている。

＊7　十九世紀の終わりから二十世紀初め、パリを中心に美術や演劇など

の勢いが隆盛を極めた時代を指す。

＊8 ビールや食事を楽しめる気軽な飲食店。

＊9 ムール貝にエシャロットやパセリ、にんにく、バター等で風味付けをして、白ワインで蒸した料理。揚げたじゃがいもを添えるのが定番。

＊10 デュラスと過ごした日々がしたためられたヤンの著作が『Cet amour-là』Yann Andréa, Éditions Pauvert（一九九九）。日本では『デュラス、あなたは僕を（本当に）愛していたのですか。』の題で、二〇〇一年に河出書房新社より刊行された。

Chapitre 2

パリから南へ

南仏に息づく画家の魂

地中海沿いの街・アンティーブでの幸福な出逢い

河村 南仏の旅の始まりはコート・ダジュール、アンティーブ岬からでした。まずピカソ美術館に行ったんでしたね。旧市街の海寄りに建っていて、地中海を一望できる場所にあります。

下重 元々はモナコ公国グリマルディ家の城砦だったようね。それから市の博物館になって、一九四六年からはピカソが城の中にアトリエを構えて制作していた。アーティスト、ピカソの創造の息吹がそこかしこに感じられる空間だったわ。

河村 先生とのコート・ダジュールの旅をアンティーブから始めることにしたのは、是非ご案内したい、とっておきの場所があったからです。

アンティーブ岬の西側、カンヌへと続く湾岸沿いにある隠れ家のような所。

下重　美術館を訪ねた後、アンティーブの旧市街から岬を車でぐるっと回ってしばらく行くと、松の木なんかが多い静かな別荘地へ入って行ったわね。素敵な別荘が立ち並ぶ中、ひと際目を引く瀟洒なお屋敷が表れた。入口にクラシックなオープンカーが停まってて、帽子をかぶったドアマンがいて。

河村　ここを知ったのはもう三十年くらい前、日本から家族が遊びに来て、初めてコート・ダジュールを訪れたときでした。当時はホテルなのか何なのかも知らず、街の中を散歩していて見つけたんです。「わあ、素敵な建物！　ここは何？」と思って中を覗いたのがきっかけでした。聞けばナンシー[*1]という街のブルジョワ一家が建物を買って、ホテル経営を始めた所という話。スタッフがとても親切だったこともあり、急遽そこに宿泊することにしたんです。今では世界のＶＩＰが訪れる最高クラスの五つ星ホテルです（笑）。

下重 旅に好奇心と直感がいかに大切かという、いい例ね。

河村 さらにすごいのは一九三〇年代、このお屋敷の持ち主は芸術家のパトロンとして、ピカソやコクトー、ヘミングウェイといった才能溢れる画家や作家を集めて、この場所をサロンにしていたこと。後から知って、驚きました。フィッツジェラルドはここに妻のゼルダと滞在し、『夜はやさし』の制作を始めたといいます。作品にはこのホテルの部屋から見える情景の描写が残されています。この作品が発表されたのは、『グレート・ギャツビー』の九年後ですね。現在はフィッツジェラルドにちなんで文学賞が設けられ、ここで授与式が行われるそうですよ。

下重 出逢いというのは不思議ね。何も知らずにフラッと立ち寄った場所が、実はそんな素敵な所で、しかもあなたが求める大好きな世界だった。あそこのテラスから見える海も素晴らしかった。完全なプライベートビーチで、水が透き通っていて。朝一人で散歩したとき、なんとも言えない気持ちになったわね。清々しくて、この風景に人物はいらないとさえ思った。

河村　テラスでいただく朝食も最高でした。この街はもともとジャズの聖地でもあるんです。『グレート・ギャッツビー』にも描かれているジャズ・エイジ[*2]の世代で賑わった場所だからですね。六月には大きなジャズフェスティバルが開催されます。

下重　とはいえ、ホテルから一歩出ると街並みはこぢんまりとして、意外に素朴な感じだったわね。松の木の下ではペタンクを楽しんでいる人たちがいて、小さな店が軒を連ねていて。お店は一軒一軒が個性的で素敵なのよね。マリンカラーのシャツだけを売る店があって、私はそこでシャツを三枚くらい買ったのだけれど、すごく気に入っていて、いまだにそれを着ているの。

河村 先生、たしかあの時、サンダルもお買いになってましたよね？

下重 そうそう、サンダルも買ったわね。海辺の街に合う履き物を持って行かなかったから、気に入った物があれば買いたいと思っていたの。持っていく荷物をできるだけ少なくして、あえて旅先で買って身に付けるって、何だかいいなあと思うのよね。

河村 それも旅の楽しみですよね。あの辺りは夏のバカンスを過ごす目の肥えたお客が多いですから、魅力的な物がたくさん並んでいました。ついつい買いたくなりますね。

サン＝ポール＝ド＝ヴァンスの迷路に潜むホテル

下重　アンティーブに数日滞在してから、次は山あいのプロヴァンス地方へと向かったわね。切り立った山道を車で登って行く道中は、ヴェルディのオペラ『ラ・トラヴィアータ（椿姫）』を思い出したわ。第二幕「プロヴァンスの海と陸」で娼婦との愛に溺れる息子アルフレード（アルマン）に対して、父親が故郷を思い出せと歌うのよ。

河村　ラ・トラヴィアータのそのくだり、私は知らなかったんです。それを聞いて実際に眼前の険しいプロヴァンスの山を見上げたら、純情なアルフレード青年はこの山を越えて行ったのかと、何だかしみじみしてしまいました（笑）。ラ・トラヴィアータのアリアの部分とプロヴァンスの山々がシンクロしたんです。

下重　そして山々をくねくねと、迷路のような細い道を抜けて着いた場所が、城壁に囲まれたサン＝ポール＝ド＝ヴァンスという可愛らしい街。道が狭くて車が中に入れないから、手前で降りて入口まで歩いたのよね。石畳の急な坂だから、荷物も上げられない。宿の人が下りて来て、あれは建物の裏手の通路だったのかしら。そこから荷物を引き上げて、上にある宿に届くようになっている。面白かったわね。

河村　「ホテル・ル・サン・ポール」はあの辺りでは有名な宿です。決して大きくはないけれど、プロヴァンススタイルの装飾が一つひとつの部屋に施してある。

下重　本当に素敵な部屋だった。でもあれは、あなたが部屋を替えてほしいと交渉してくれたのよね。

河村 先生の部屋が予約していたのと違う部屋だったんですよ。事前に予約しておいた部屋は見晴らしが良くて、広さも十分にあった。それが通されたのは全然違う部屋で「これは違う、なんとかなりませんか?」と。

下重 それで部屋を入れ替えたりして調整して、結果、初めよりいい部屋に移動できたってわけね。やるなあ! と思って。小一時間も押し問答してるから、私だったら途中であきらめちゃうけど、あなたはやめようとしなかったものね。

河村 せっかく趣のある素敵なホテルに泊まるなら、お部屋も納得のいく最高の滞在にしたかった。行き違いがあれば交渉するのは当たり前です。

下重 あなたの言う通りね。私も泊まる所にはこだわりたいもの。

河村 大事な点ですよね。どんな宿に泊まるかで旅そのものが変わってしまいますから。

下重 機能的で便利な大規模ホテルも悪くはないけど、そればかりじゃ面白くないのよね。どこも同じだもの。宿は寝られればいいってものじゃないと私も思う。実際、ヨーロッパでの超一流の宿って、小さくて趣のある所が多い気がする。

河村 高いツアーなんかに参加すると、豪華絢爛なホテルが組み込まれていることも多いけど、それが旅の正解とは限りません。

下重 そうね。何が好みかは人それぞれだけれど、せっかくの旅なんだから、見た目の豪華さや便利さに囚われずに、自分好みの宿を見つけたいわよね。

「感じる」旅、「物語」のある宿

河村 そういう旅の思い出って、やっぱり「旅を感じる」ところから始まると思うんですよね。私が泊まる所にこだわるのもそうです。宿は観光地巡りのために留まって体を休める場所かもしれませんけど、それだけじゃなく、自分だけの思い出を作ってくれる大切な物語《ストーリー》の一つになります。だから、私はその土地や宿のヒストリーが感じられる宿に泊まりたい。豪華でなくてもいい、その宿自体に素敵な物語が感じられる所に泊まりたいといつも思うんです。

下重 それは私も同じ。それがないと旅は面白くない。だから最新の設備が整った真新しいホテルって、私はどちらかというと興味がない。

昔ながらの格式高い宿が一番とも思わないけどね。

河村　同感です。文学とか芸術にゆかりのある宿ももちろん大好きだけど、それがないとだめということじゃないんですよね。例えば、普通のご家族が経営しているような家庭的な宿でもいいんです。

学生時代に南仏のトゥーロンという街で滞在したホテルがそうでした。私、その時熱を出してしまって出歩けなかったんですけど、寝込んでしまった私のために、宿の女主人と子供たちが食事を部屋に用意してくれたんです。天使みたいに可愛らしい女の子が二人、お母さんの後に付いて、ミネラルウォーターと氷、ハムとチーズ、パンなんかを運んで来るんです。それをバルコニーのテーブルに白いクロスを掛けて、素敵にセッティングをする。きれいなお母さんに「お水はそこに置いて」とか「ナイフとフォークは二つずつ」とか指示されながら、小さな女の子たちがテーブルセッティングをしてくれる。もう真心のおもてなしというのか、その光景が絵のように美しくて感激しました。そこのご家族が大事にしてきたもの、家族のヒストリーが見えた気がして。

下重　あなたが長くフランスにいられたのは、そういう出来事とたくさん出会ったからかもしれないわね。

河村　この宿との出会いは幸運でしたけど、フランス人にはこういうところがあるかもしれません。日本人は時に恥ずかしがってしまいますが、赤の他人にふっと差し出す優しさ、また日常の生活の中に「美しさ」を表現する美意識が根付いているっていうんでしょうか。その時もパンを入れたかごにきれいなリボンが結ばれていたり、コップに小さなお花を活けてテーブルに置いてくれたり。些細なことだけど、フランスにはそんな美しい気遣いが息付いているように感じます。二人の女の子のきちんとした装いも印象的でした。

下重　そのご家族は、ブルジョワのかなり良いお家だったのかも。でもそれがとても自然で素敵だったのよね。一般的に、フランスといえば「お高い」イメージがあるかもしれない。たしかに私も初めてフランスに行ったとき、やっとこさ英語で聞いても、フランス語でしか返ってこない……なんてこともあったけど、あまり先入観に囚われたり、世間の価値観を鵜呑みにしたりしない方がいいってことね。特にパリは情報が多いけど、それをパリだと思ってしまう必要はない。だから、今私たちが話していることも、あくまで一つの経験や考え方として参考にしてほしい。「そういう見方もあるんだな」くらいの感じで、自分で自分の旅を見つけるためのヒントにしてほしい。旅は押し付けられるものじゃなく、「感じるもの」なんですから。

ニース近郊で出会ったマティスのシャペル

下重　次に訪れたのがニース。ここにもいろいろな美術館があるわね。

河村　南仏は多くの芸術家に愛された場所で、ここで活動した画家は数知れないですね。マティス、ルノワール、セザンヌ、モネ、ゴッホ……。特にマティスはニースとの縁が深く、彼の美術館のある場所はシミエの丘と呼ばれ、マティスの画業の全貌を知ることができます。マティスは元々北の出身ですが、画家を志してパリの美術学校で学びました。

南仏へは友人のドランとともに、コリウールという小さな漁村に来たのが始まりでした。ここで色彩の強烈な表現「フォーヴィスム」

が誕生したのです。ニースには一九一七年から一九三〇年頃の「ニース時代」と呼ばれる時期と、晩年に滞在していますが、どちらもマティスのスタイルが大きく開花し、完成されて行った時期です。

下重 旧市街の花市場なんかが並ぶ広場の突き当たりにあるのが、マティスの住んでいた建物だったわよね？

河村 ええ。黄土色の壁がいかにもニースらしいですね。あそこの窓から見える海岸の絵や、当時出入りのあったモデルたちを描いた作品がたくさん残っています。でも何といっても最大の見所は、マティスの最晩年の作品、生涯の最高傑作と言われるヴァンスの礼拝堂ではないでしょうか。

下重 そうそう、私はこれが一番感激した！　シミエの丘のマティス美術館から離れた所の、ヴァンスの小高い山の上にあるロザリオ礼拝堂。ニースを訪れるなら、ぜひここにも行ってほしい。

河村　大きくて迫力のあるカテドラル（大聖堂）も素晴らしいですけど、小さなシャペル（礼拝堂）は心の奥深くで感じられるような気がして惹かれますよね。

下重　ええ、深く心に残ってるわ。シンプルな白壁に青い屋根も可愛らしかった。中でも印象に残ったのは、教会に展示されていた、そこに勤めている僧侶たちの祭服。真っ白と私が一番好きな藍。フランスの藍って、どことなく日本の深い藍に通じるものがある気がして、衝撃を受けたの。同時代に生きた二人の偉大な画家、マティスとピカソは比較されることもあるけれど、私、それまではピカソの方がずっと好きで、マティスは平凡だなんて思ってた。けれど、それはまったく違った。平凡なんかじゃなく、行き着くところに行き着いた、簡素の美だと初めてわかった。あの教会で人型の上に掛けられていた祭服の色、片方が白で片方が藍……あれがいまだに忘れられない。

河村 マティスは、修道女たちの服装の黒と白を礼拝堂の構成要素の一つとしてとらえたそうです。建物の装飾だけでなく、そこに出入りする修道女や僧侶の服装に使われる色まで想定して、礼拝堂を一つの作品と考えていたのですね。これはステンドグラスについても同じことが言えます。ステンドグラスは青（海のウルトラマリン・ブルー、空の青色）と黄（レモン・イエロー）と緑（プロヴァンスの自然・緑の葉のイメージ）の三色を使用していて、真っ白なタイルの壁や床にガラスを通した太陽の光が反映されるよう計算されているのです。特に青色は、ニースの海の色も南仏の抜けるような空の色も想起させ、非常に印象的でした。

下重 マティスは色彩を大胆に使った人だと思っていたけれど、行き着く先に藍と白を選んだという気がして、感動したわね。でも人間っていうのはそういう道をたどるものかもしれない。簡素な美が一番美しい。あの礼拝堂、僧侶の祭服は、鮮明に記憶に残っている。壁に描かれた聖母子像からも温かみが伝わってきたわ。

河村 あのシンプルな線画を描くために、マティスは膨大な数のデッサンを描いています。それから実際の陶板にじかに描くのです。彼の言う「主題を何度も何度も素描して、身内に実感するまで描いている」ことによって得られる感性の体感というのでしょうか。それが彼の線画の温かみを出すのですね。礼拝堂の制作中にもベッドから出られない時期がありましたが、その時も木炭や筆を長い棒の先に括り付けて、やはり自分の手でもって取り組みを続けたのです。

下重 なるほど。実際の制作の様子を聞くと、そういう背景があって、あの何とも言えない手作りの「私の礼拝堂」という雰囲気を醸し出していたんだとよくわかるわ。

河村　マティスは「この礼拝堂は私にとって全生涯の仕事の到達点である」と言っており、その工程は当時制作に関わった教会の神父や批評家、ジャーナリスト、ピカソやアンドレ・ルヴェールなど友人の画家たちと交わした書簡や会話の記録にこと細かく残っています。記録を見ると、当時教会に勤めていたシスターとのつながりも深かったようです。シスターの中にはマティスのモデルを務めた女性もいますし、一九四八年から四年にわたって礼拝堂の再建に心血を注いだマティスを、シスターたちが支えていたのですね。今でもここのドミニコ会のシスターたちは、毎年マティスの絵でクリスマスカードを作っているんですよ。

コクトーゆかりのサン・ピエール礼拝堂

下重　シャペルといえば、私は海辺で見たコクトー*3のシャペルも忘れられない。

河村　ニースからすぐ近く、ヴィルフランシュ＝シュル＝メールにあるサン・ピエール礼拝堂ですね。大都市の隣にあるとは思えないくらい、きれいな海に面した美しい漁村です。イタリアへ入る主要道はここを通過しますね。

下重　そうだったわね。建物の色も急にカラフルになって、イタリアが近いのだなあと感じた。その街の中にポンッと現れた教会でした。すごく個性的というのか、漁師のたくましさや庶民の生活が感じられた。私はあの教会も好き。

河村 そうなんです。あれは港町で暮らす漁師のために建てられたシャペルで、後にコクトーが装い直したそうです。外観も可愛らしいですが、中を見たら驚くと思います。何しろ壁にびっしりとコクトーによる絵が描かれていて、絵の中に自分が入り込んだような気持ちになります。コクトーの絵は好き嫌いが分かれるかもしれませんが、あのシャペルはコクトーの純粋な部分がうまく昇華されているように感じられます。堀口大学訳のコクトーの有名な詩、「私の耳は貝の殻　海の響きを懐かしむ」のピュアさが満開というか。

下重 今話していて思い出したけど、教会がらみでいうと、パリの東北東にあるランスという街に、藤田嗣治が自分で建てて自分を埋葬させた礼拝堂があるのよね。奥さんと二人のね。わかりにくい、ひっそりした場所なんだけど。ああいう所に眠るのはいいいな。

河村 わかります。だからみんなシャペルに埋葬されたいと思うんじゃないかな。藤田嗣治の礼拝堂は夫妻のほとんどプライベートな空間ですしね。

下重 お墓は面白いわよね。私は日本でもよく行くけど、パリでも行く。お墓が好きなの。ペール・ラシェーズ墓地、モンマルトル墓地、モンパルナス墓地。いろいろあるけど、面白い。有名人ばかりが眠っているわけだけど、一つひとつのデザインがユニーク。気味悪がる人もいるかもしれないけれど、墓地巡りは個人的にはお勧めね。

シャガールの愛らしいお墓

下重 迷路みたいな街の外れに墓地があったのは、どこだったかしら？

河村 サン＝ポール＝ド＝ヴァンスにあるシャガールのお墓ですね。可愛いハートの形に石が並べられていました。

下重 そうそう！　迷路のどん詰まりに急に現れて。誰のお墓だろうと思って見たら、シャガールだった！　あれは本当に驚いたわね。十字架も囲いも標識も、何にもない。

河村 でも、偶然出会うっていいですよね。何も知らずに導かれるって楽しい体験です。

下重 わかる。偶然がなければ、旅をしなかったと同じだと私は思うのよ。私は音楽も好きなんだけど、パリのオペラ座にはシャガールの天井画があるでしょ。シャガールと音楽は切っても切り離せないと思っているから、シャガールのお墓と出会えたのは心底嬉しかった。

河村 ニースには素晴らしいシャガール美術館がありますしね。

下重 シャガールが導いてくれたのかな。幸せな偶然ね。

河村 こういう偶然の入る余地を、旅の中に一日でもいいから持ってほしいですよね。

下重 本当にそう思う。移動はツアーバスでもいいけど、目的地に着いて自由行動になったら、そこからは自分だけの何かを一つでいいから見つけてほしい。ちょっとしたこと、くだらないことでもいいのよ。目抜き通りを一本逸れたら路上に咲いている小さな花を見つけたとか、すれ違う人に挨拶したら返してくれたとか。その程度のことでもいい。他の人が見つけられなかったものを見つけてくること。それが旅、自分の旅というものだと思うのね。

河村 美術館も、解説を聞きながらふんふんと作品を見ることが目的じゃないですからね。楽しみ方は人それぞれです。それを自分で見つければいい。私の師である美術史家のパスカル・ボナフ教授は、「魅かれる作品に出逢ったら、その前にしばらくたたずんでみなさい」と言っていました。作品と対話するということですね。

下重　フランスから話題がそれるけど、高松に流政之《ながれまさゆき》という彫刻家の美術館があるの。国際的に有名な彫刻家で、亡くなってしまわれたんだけど、生前一度だけお会いしたことがある。その美術館は海辺にあって、あのアンティーブのピカソ美術館にそっくりなの。こんな場所が日本にあったんだって驚いちゃった。海外を旅した経験がふとした瞬間に、日本での出来事をより感慨深いものにしてくれることがあるのよね。

国境近くの小さな村・ドルチェアックア

下重　ニースからヴィルフランシュ＝シュル＝メール、マントン、ヴェン

河村　ティミーリア……とイタリアとの国境を越えて、ちょっと異次元のような古い村にも行ったわよね。

下重　ドルチェアックアですね。山を半分切り落とした中に住居があって、洞窟がそこら中にあって、村全体が半分廃墟というか、映画のセットのような街でしたね。

河村　その時ドライバーを務めてくれた男性が、近くに美味しいレストランがあるから、と連れて行ってくれたんだったわね。

下重　ええ。彼、見るからにイタリアの伊達男って感じのドライバーさんでしたね。顔が濃くて、白シャツの胸がはだけていて、香水プンプンで（笑）。

河村　ドルチェアックア、「甘い水」って名前も、いかにもちょいワルな感じがするしね（笑）。

下重　でも、あそこで食べたピザは本当に美味しかったです。生地の薄さと焼き具合、トマトソースの濃厚さと酸味、芳醇なモッツァレラチーズ……すべてのバランスが完璧。これまでの人生で一番美味しかったピザと言ってもいいくらい。カリッと揚げた魚やエビ、イカのフリットもとにかく素材が新鮮なのがわかった。

下重

ヴァカンス前の6月だったせいか、あまり人がいなくて、たまに見かける住民たちもどこかこの世の人と思えない感じで、ミステリアスだった。たしか十二世紀頃出来た村だったわよね？　小さな村だから、その時持っていた大まかな地図には記載がなかった。だから本当に存在したのかしら？　なんて後で思っちゃった。国境が道路に記した線だけだったのも面白かった。コート・ダジュールへ行くなら、少し国境を越えて、気ままに行ったことのない場所に行ってみるのも楽しいかもね。

ゴッホ・画家という名の狂気

下重　文学といえば北、絵画といえば南だという話を最初にしたけれど、私は画家の中でもゴッホが好き。ゴッホゆかりの場所には何度も足を運んだし、あなたと一緒にサン＝レミ＝ド＝プロヴァンスにある、彼が入院していた精神病院にも行ったわね。山あいの本当に寂しい所で、ここにいたら病むわよねっていう気持ちになるような……。

河村　実際は、精神を病んでからあの場所へ来たんでしょうけど。南仏、プロヴァンスはゴッホ抜きには語れませんね。

下重　ゴッホの絵を見るといつも思うのだけれど、美は狂気よね。狂気のないものは美しくない。私にとって、狂気のない美なんてあり得ない。ピカソには狂気そのものが感じられる。超一流の人は誰もが何かしらの狂気を持っているものだと思うけれど、一番感じられるのがゴッホ。

河村　作品の素晴らしさとは裏腹に、実生活においてはセンセーショナルな人生を送っていますからね。

下重　ゴッホはパリでゴーギャンと意気投合して、南仏に移り住んで、でも結局別れて「耳切事件」を起こして、精神病院に入るでしょう。二人の作風を見ても相反するタイプという気がするけれど、仲良くやっていた時期もあったわけで、何だか切ないわね。けれど私はそういったゴッホの「人としての生きづらさ」を抱えながらも、同時に表現者としての狂気が伝わってくる、重たく陰鬱ではあるけれど強烈なエネルギーを感じる作品に心惹かれるの。

河村　ゴッホが特に晩年、繰り返し描いた「空」のある風景。『糸杉と星の見える道』は、精神病院のあるサン＝レミ＝ド＝プロヴァンスで彼が描いた最後の作品と言われていますが、中央にうねるように描かれた大きな糸杉の木が背後の夜空やそこに浮かぶ月や星々と一緒に、果てしない宇宙の闇へと同化して、見ていると中に引き込まれてしまうようなエネルギーがありますね。この作品についてはゴッホの死生観にまつわるさまざまな研究がされています。

下重

私もあの絵は忘れられないわ。実際にサン＝レミ＝ド＝プロヴァンスに行って、そこに生える糸杉や、プロヴァンスの強靭な風土を感じた後では、ゴッホがあの風景と一体化してのめり込むように描いていく感覚がなおさら伝わってきた。ゴッホが亡くなるのはあの絵を描いた後まもなくでしょう？　ああいった強烈な絵を描いた果てに、あの野っ原の中にある質素な、墓ともいえない墓に眠ることになったわけでしょ。弟のテオと一緒に。あれを見たときの寂しさは、

河村 絶望の果てに命を断ったやり切れなさからくるのか……。パリ郊外のオーヴェール・シュル・オワーズにある、ゴッホと弟・テオの墓ですね。テオはずっとゴッホを支え続けて、ゴッホの死後、跡を追うように亡くなりましたね。

下重 農地に囲まれてひっそりと、テオと二人だけの墓がある。飾り立てない、自然のままという感じのお墓よね。あれを見たときは、何とも言えない気持ちになったな……。

河村 私はゴッホの良さを理解するまで、実はかなり時間が掛かったんですよ。ゴッホの絵は厚塗りで、「感情に任せてチューブから出した絵の具をそのままキャンバスに塗っていたんじゃないか」なんて言われることもありますが、あれだけ厚塗りにもかかわらず、ゴッホの絵は持ちが非常に良いのです。これは決して安くはない絵の具というものを薄めたりせず、惜しみなくまっとうな分量で正しく使用していたことを示しているんです。ゴッホとテオの間でやりとりされた書簡が残っていますが、そこにはシルバーホワイト極大チューブ二十本とジンクホワイト十本、クロームイエロー十本……と、定期的にテオへの結構な量の絵の具の注文が書かれている。近年その内容から、ゴッホがどの絵の具をどれだけ使用して、あの発色の良い強固な画面を作り上げたか？　といった研究もされています。精神病や自殺未遂といった狂気の側面が取り沙汰されることの多いゴッホですが、こと絵に対しては本当に研究熱心で、愚直に向き合っていた。アムステルダムのゴッホ美術館には、彼の遺品として箱に入った数々の色が異なる毛糸玉が保存されているそうです。ゴッホはその毛糸玉を並べたり、絡ませたりして、補色、調和といった、色の組み合わせが生む効果を一人学んでいた。知られざるゴッホのもう一つの顔ですね。

下重　絵の具の使用法で思い出したけれど、ピカソ初期の「青の時代」と呼ばれる時期には、彼がまだ売れない画家で、青い絵の具しか買えなかったから青が基調にされたって聞いたことがあるけど、本当なの？

河村　そういうふうに言われることもありますね。青い絵の具と言ってもいろいろあるのですが、実際カドミウム系のイエローやレッドなんかに比べると、ピカソが「青の時代」のポートレートなどでよく使っているプルシャンブルーなどは、それらの半分くらいの値段で買えます。また昔は原料が希少だったため、大変高価だった天然のウルトラマリン（ブルー）も、ピカソが活躍した頃には発色の良い安価な合成の物が発売され、当時の画家はよく使っていたようですね。ピカソは絵の具代の節約だけでなく、売れない絵にはそのまま上塗りして描いたりしていますし、それは特に「青の時代」に多いんです。こういったことを考えても、ピカソとゴッホって対照的。両者とも偉大な画家ですが、ピカソは人生を謳歌していた側面もありますからね。

下重 そうそう、女もたくさんいたし。ゴッホとは対極にあるわよね。

河村 何というか、ゴッホって修行僧みたいな人ですよね。ひと言で言うと、痛い。私自身はその痛さが苦手で、受け止められなかったんです。絵の圧、迫力もあり過ぎて、美しいとは感じられなかった。でもある時、これは彼の恐ろしいほどの純粋さの結晶なんだと、見方が変わったんです。余分なものなど一つもない。

下重 どうしてあんな美しいものを描けるのかしらね。

河村 強烈で純粋な、焼けるほどの思いを持って生きていたんじゃないでしょうか。でもこれは、物質的にも精神的にも恵まれている、安穏な生活からは生まれないものじゃないかと思います。もちろん彼の生まれ持った気質というのが大きいですが。

パリで出逢った、ある画家の男性がこう言っていました。「僕は女性に美術をやってほしくないんだな。どうも幸せになれない気がして」と。彼がたくさんのそうした例を見て来たからなのか、彼の哲学なのかわかりませんが、女性に限らず男性だってそうですね。本気で美術に向き合うと、創作と人生とを引き換えにしてしまう怖さがある。それだけ重いものなんでしょうね。

パリの古いアパルトマンに住む友人の画家

下重 私の知り合いに、黒須昇さんという画家がいるのね。絵描きになりたいと日本からパリに渡って、モンマルトルのサクレクール寺院の裏側、四階建ての古いアパルトマンの屋根裏部屋に住んでいて。「パリに行ったら寄ってみて」と女優の岸田今日子さんから言われていてね。その部屋はすごく狭くて、階段には画材がびっしり置かれていて、決して裕福な暮らしとは言えないけれど、アパルトマンの一番上にあるからパリの全貌が見えるの。夕焼け空なんか、とても美しかった。

河村 いいですね。パリの街を毎日見下ろせるって、この上なく贅沢。

下重 つくづくそう思う。お金はなくても心は裕福なのよね。彼は私が遊びに行ったとき、部屋で手料理を振る舞ってくれたの。朝からマルシェに買い物に行って、魚を買って、さばいて、お刺身を作ってくれて。

河村 当時から絵で生計を立てておられたんですか？

下重 ええ。日本でも人気が出始めていて、画商も付いていたんだけど……とはいえ、彼なりに精一杯もてなそうとしてくれるのが嬉しかった。その部屋、アトリエは立派なんだけれど、生活のための部屋は小さくて、ベッドと机があるだけ。食事するためのテーブルも椅子もないから、みんなでベッドの上に並んで座って食べたの。でも、その楽しさったらなかったわね。

河村 絵で生きていくというのは大変なことが多いけれど、必ずしも破滅的というわけではないのかもしれませんね。

下重 黒須さんの生き方を見ていると、そんな気もしてくるわね。

*1　フランス北東部の街。アールヌーヴォー発祥の地として知られる。
*2　一九二〇年代、アメリカの享楽的な時代を指す。
*3　フランスの詩人・作家。一八八九～一九六三年。代表作に『ポエジー』『恐るべき子供たち』などがある。

Chapitre 3

パリの街を彩る文化

食とその奥に見えるもの

日本の物と一味違うフランスの牡蠣

下重　パリではよく牡蠣を食べたわよね。日本だと牡蠣は冬の食べ物というイメージだけれど、パリでは年中食べている気がする。

河村　確かにそうですね。もちろん旬[*1]はありますが、それでも季節に関係なくみんなよく食べますね。

下重　牡蠣といえば昔の豪華客船の中にいるような内装のレストラン、あの店の牡蠣は美味しかった。室内全体がマホガニーでしつらえてある重厚な雰囲気で、ショーの階段のような豪華な階段を登って二階へ上がるのも、高揚感があったわね。

河村　十六区、ポルト・マイヨー広場のロベルジュ・ダブですね。有名なシーフード専門店です。入口の棚におそらく朝方に届いたいろいろな種類のエビ、カニ、貝類がズラーッと並んでいて、特に牡蠣は大きさが選べて異なった産地の物がいくつもあるから、牡蠣好きにはたまらない店です。

下重 フランスの牡蠣って、日本の物と違ってサイズが小さいわよね。

河村 そうですね、全体的に日本のより小さい[*2]ですが、小ぶりな分、プラトー・ド・フリュイ・ド・メール（魚介の盛り合わせ）と言って、店で出されるときはたっぷりとエビやカニなども一緒に、何段にも重ねて盛られていて、豪勢ですよね。フランスではお祝い事とか、家族がそろう日曜日とか、そんな時にいただきます。ノエル（クリスマス）の定番メニューでもありますね。

下重 見た目が派手でいいわよね、盛り付けも見せ方が上手。そういえば、フランスの牡蠣は生食ばかりね。そこも日本と違う。牡蠣フライとか牡蠣のスープとかには、一度もお目に掛からなかった。私は牡蠣のフライも好きだけれどもね。

河村 ブルターニュなどではスープにしていただくこともありますが、生食が圧倒的に多いですね。

下重 小さいといえば日本ではなかなか見かけない、平らな丸い形の牡蠣もあったわね。あれは味が繊細で美味しかった。

河村 ヒラガキですね。フランスではブロンと呼ばれる、ブルターニュ地方の代表的な牡蠣です。生産量が少なく手に入りにくいので、マガキより高価なんですよ。貝柱が大きめなのでコリっとした食感で、とても美味しいですよね。フランスでは主に大西洋側で、産地の異なったいくつもの牡蠣が楽しめます。産地によって味わいがさまざまで、いろいろ食べ比べると楽しいですよね。

下重 食べ方はどう？ 私はシンプルに、牡蠣はレモンで食べるのが好き。

ケチャップでいただくなんて聞いたこともあるけれど、どうなのかしら。

河村 フランスでは普通はレモンか、ビネグレットソース*3ですね。でもいろいろな食べ方があるみたいで、あのアラン・デュカス*4は粗挽き胡椒だけで楽しむそうです。まずは黒胡椒やレモンで繊細な牡蠣の味を楽しみ、それからビネグレットソースを合わせる。そんなふうに段階を追って楽しむのもおすすめです。

下重 なるほど。さまざまな味わい方があるわけね。素材を味わい尽くせるのは生だからこそなんでしょうけど、生食はやっぱり品質が命よね。私、一度日本で牡蠣を食べたとき、当たっちゃったことがあるの。散々な目に遭ったけど、あれだけたくさん食べたのに、パリでは一度も当たったことがない。何ていうか、パリの牡蠣って当たる気がしないのよね（笑）。

河村　私も長年パリに住んで、数えきれないほど牡蠣を食べましたけど、当たったことは一度もありません。体調が良くないと牡蠣に問題はなくてもおなかを壊してしまうこともあるでしょうから、旅先で牡蠣を楽しみたいなら、まず体調を万全にしておくことが大事かもしれませんね。生で提供するんですから、当然どの店も品質管理には気を遣っているはずですが、「ちょっと臭うな」と思ったら、食べるのを控えた方がいいと思います。

下重　専門店とか、定評のある店を選ぶのが間違いない。

河村　はい、その日に産地から届いた新鮮な物を出している所、ということですね。その意味で言うと、街なかの魚屋さんがやっている店なんかもいいと思います。お魚を販売している場所の隣に、その場で開けた牡蠣をすぐに食べさせてくれるレストランスペースがある。カウンターで立ったままいただく形式も結構ありますね。開けたばかりの新鮮な牡蠣を三〜六ピースくらい、グラスの白ワインと一緒にチャチャッといただく。お値段は十〜十八ユーロくらいです。そんなふうに手軽に牡蠣を楽しむ習慣が根付いています。

下重 そういう所もいつか行ってみたいわ。残念ながら、シャンゼリゼ近辺で魚屋さんは見かけなかったから（笑）。

河村 そうですね（笑）。でも牡蠣やフランス料理に限らず、パリでは世界中の食文化を楽しめます。ベトナム料理や日本ではあまりなじみのないレバノン料理も、パリの人は大好き。食事だけでなく、その場所自体が歴史ある美術館のようで、ドラマティックな経験ができるレストランがたくさんあります。例えば先生と行った、凱旋門近くのプルニエ[*5]。アール・デコの内装がとても素敵な店でしたよね。出される料理も美術品のようでした。

下重 ウニ、キャビア、手長海老……味も見た目も美しくて、まさに芸術作品を堪能している気分になったわね。店内もちょっとした異空間という感じで、世界の芸術の中心たるパリの歴史や底力みたいなものさえ伝わってきた。

河村　あの雰囲気、やはりパリならではですね。

下重　夜のパリの街はいいわよね。独特の華やかなエネルギーを感じる。夜の七時、八時なんて宵の口だしね。日本と違って、七時頃店に行っても誰もいない（笑）。もっと日本も夜が楽しくなってほしい。

河村　パリの人たちは、夕食は九時頃から盛り上がるものと考えていますからね。老若男女皆、それくらいの時間から大いに飲んで大いに食べる。本当に元気（笑）。一度結構遅い時間に、先生とご主人とシーフード専門のブラッスリーに駆け込んだことがありましたね。たぶん十時近かったと思いますが、すぐ隣のテーブルで子供も含めたごく普通のフランス人家族が、トレイに豪華に盛られたエビやカニをムシャムシャ元気に食べている。それを見ていたご主人が「これがこの国の底力なんだなあ」と感心していて、妙に納得したのを覚えています。

パリの星空の下で、極上のディナーを楽しむ

下重 あなたの誕生日に一緒に行った、シャンゼリゼ近くのレストラン、あの店も素敵だったわね。名前は確か……。

河村 ラセールですね。天井がカパッと開いて夜空の下でディナーを楽しめる、格式高い店です。オードリー・ヘプバーンやロミー・シュナイダー、画家のダリなど、時のスターたちがひいきにしていたと記録されていますね。パリ社交界を彩る各界の一流たちが集った店。

前からぜひ一度行ってみたかったので、本当に嬉しかった。人生で最高の誕生日でした。

下重 建物も料理も、申し分なかったわね。昔ながらのやや重めの、ザ・フランス料理。私はどちらかと言うと軽めのフレンチより、王道フレンチの方が好みだから。

河村 フォアグラ、トリュフ、オマール、ジビエ、まさに王道でしたね。いただいたカネロニのフォアグラ、黒トリュフの詰め物の一皿は、あの店のベストセラーだそうです。美味しかった……！　チーフパティシエを務めるのは、フランスのコンクールで若くして金メダルを取った女性で、デザートも女性の感性を感じられる素晴らしいものでした。

その土地に紛れるのが旅の流儀

下重　すべてが申し分なく素晴らしかった。でも私に言わせれば、一つだけ残念な点があったの。

河村　えっ？　何でしょう？

下重　私たちが店に入ったとき、「知床旅情」をピアノで演奏してくれたでしょ？　私にとってはあれがちょっと違和感だった。

河村　そうですか？　私は心のこもったサービスだと思いましたが……。

下重　その気持ちもわからなくはないけれど、私はその土地の日常にそっと紛れるのが旅だと思っているの。そこに住む人たちの暮らしの匂いを嗅いで、その生活をうらやましいと思ったり、違いを見つけたり、いろんなことを考えながら、邪魔をしないで通り過ぎて行くのが旅。旅人に合わせるものじゃないと思うのよね。

河村 そんなこと、考えたこともなかったです。私は「わざわざ私たちのために日本の曲を演奏してくれたのね」って素直に感動しちゃいました。

下重 うまく言えないけれど、気恥ずかしいのよね。気持ちは嬉しいのだけれど、あんなパリらしい素敵な店で日本の曲を聞かせられると、私はどことなくチグハグな気がする。要するに、私は「パリはパリ」でいてほしい。こちらに合わせることはないと思うわけ。

河村 自分に合わせてくれることを喜ぶ人もいるけれど、先生はそうじゃない。旅はそういうものではない、と。先生らしい美学ですね。

下重 旅というものをどう考えるかによるわね。旅とは、普通の生活を見せていただくこと。邪魔しちゃいけない。向こうがこっちに合わせてくれるのは、旅とは言えないと思う。

河村 以前地下鉄《メトロ》にいる流しのミュージシャンが、私が通りかかったときに突然『さくら　さくら』を演奏してくれたことがあったんですけど、そういうのも先生にとっては違和感ですか？

下重 メトロなら悪くないと思う。それはおもてなしというより、日常のコミュニケーションだから。お互いの思いが演奏を通じてちょっと触れ合うというのかしら。お店のピアノ演奏もそういうものと受け取れなくはないけれど、理屈抜きに、私はあの店では普段のパリを存分に感じたかった。他の人はこんな天邪鬼なこと、言わないのでしょうけれどね（笑）。

河村 いやいや、目からウロコでした。旅というのは、その土地の日常に紛れること、か。

下重 ともあれあの店が名店であることには違いないわ、あの演奏を除けば、ね（笑）。

旅には「人となり」や「信念」が現れる

下重　こうやって話していると、旅というのはその人のことがよくわかるわね。自分のことも含めて。

河村　おっしゃる通りです。私もさまざまな旅の経験を通して、自分がひときわ不条理なことに腹が立つ人間だと認識しました。

下重　南仏のホテルでの交渉、すごく頑張ってくれたものね（笑）。

河村　言った以上、もう引けなくなってしまって（笑）。

下重　旅とは別の話になるかもしれないけれど、あなたは長年パリで暮らしていたわけだから、馴染むのには旅以上に大変なことが多かったでしょう？

河村 大変でしたよ。交渉事なしのフランスの生活はあり得ない。日本じゃ起こらないようなハプニング、トラブルが次から次へと出て来ますから、問題解決や交渉に費やすエネルギーは並大抵じゃありません。こちらへやって来る日本人は一度は洗礼を受けて、多くの人がフランス嫌い、やっぱり日本は良い、になります。

下重 それも残念な話よね。

河村 そうなんです。嫌いになって終わりじゃもったいない。そこを超えて初めて、その国の良さも実際の様子もわかってきたりするわけですから。

下重 そもそもその時間はその国に住まわせてもらっているわけだから、謙虚でないとね。私はエジプトに住んだことがあるけれど、日本人の中にはメイドや運転手の悪口を常に口にしている人も少なくなかった。問題があって注意するのは当然だけれど、「だからエジプト人は」みたいな悪口を言うのはちょっと違う。自分と合わないところも「文化や価値観の違いだ」っていうふうに考えて、楽しむくらいの気持ちでいないと損よね。

ヘミングウェイが愛した「ポリドール」

下重 高級レストランもいいけれど、パリといえばやっぱりビストロね。私はビストロやカフェで素朴なスープを楽しむのも好き。

河村 スープ・ド・ポワソン、魚のスープはよくいただきましたね。カフェによくあるメニューですが、店によって個性があり、当たり外れがあるかもしれません。

下重 カルチェ・ラタン*6の、ヘミングウェイがよく通っていたという古いビストロ。あそこは美味しかったわね。

河村 「ポリドール」ですね。ブフ・ブルギニョンとか、エスカルゴとか、ブランケット・ド・ボーとか……。昔ながらのビストロで出される定番料理ですが、それを変えずに貫いているところがいい。一つひとつのクオリティも満足できるものでした。

下重 エスカルゴの粒がとても大きくて、食べ応えがあったわ。アンディーブとクルミ、ロックフォールチーズのサラダも、ウフ・マヨ（茹で卵にマヨネーズを添えた料理）も、間違いのない美味しさだった。

河村 赤いチェックのクロスも庶民的でいいですよね。相席も了承してくださいという、街の食堂の在り方で。予約を取らないので、開店時間に合わせて行くのがおすすめです。

下重 料理も店構えもとても良かったけれど、あの時はすごく混んでいたわね。並んでいる人もたくさんいて。安くてあんなに美味しかったら、人が集まるのは納得ね。

パリのカフェは「サロン」だった

下重 パリにはたくさんのカフェがあるわよね。有名な店に行って名物のお料理やお茶をいただくのもいいけど、それで終わらせるのはちょっともったいない気がする。もっとカフェそのものを楽しんだ方がいいというか……。

河村 わかります。「カフェとはなんぞや?」を知っておくと、カフェの見方も変わるし、カフェを何倍も楽しめると思います。

下重 そもそもパリのカフェというのは、どういうものなのかしら? 日本で言うと喫茶店？　お茶を飲んでくつろぐ所？　パリのカフェには、明らかに違う何かがあるわよね。

河村　パリのカフェは文化が生まれる場所、芸術家、文化人たちの社交場、「サロン」だったんですよね。二十世紀初め、カフェには絵画や文学の名手が集まりました。みんなの出会いの場、文化芸術が出会う場で、そこからパリのカフェ文化が花開いたわけですから、単なる飲み食いする場所ではないことは確かです。芸術論を戦わせたり、共有しあったりする所……というのでしょうか。

下重　なるほど。サロンというのはしっくりくるわね。

河村　サンジェルマン・デ・プレにあるカフェ、レ・ドゥ・マゴにはランボー、マラルメ、ピカソ、フェルナン・レジェ、ジャック・プレヴェール、ヘミングウェイ、藤田嗣治、サルトルとボーヴォワール等の詩人、画家、作家、哲学者たちが集まりました。通りを挟んですぐ隣にあるカフェ・ド・フロールにもサガンやジュリエット・グレコ、またアポリネールを中心とする前衛芸術家たちが集い、シュルレアリズムが起こりました。こうしたカフェに彼ら、若い鋭気溢れた芸術家たちが集ってしゃべって……当時の状況を思い浮かべると、すごく贅沢ですよね。その時はみんなそれほど有名でもなく、お金もそんなになかったと思いますけど。

下重　お金に代えがたい豊さよね。モンマルトル、モンパルナス、サンジェルマン・デ・プレ。さまざまな場所に芸術家たちのたまり場があって、そこで時の経つのも忘れて話し込んだ様子が目に浮かぶ。

河村　カフェ・ド・フロールなんかに行くとわかりますけど、メニューそのものは本当にシンプルなんですよね。ハムやパテを挟んだバゲットのサンドイッチとか、オムレツにサラダとか。それはいまだに変わらない。東京だとちょくちょくメニューを替えたり、リニューアルしたりしますけど、パリのカフェはそういうのは本当に少ない。

下重 頑固で、媚びないのね。

河村 そう、本当に頑固でお客や時流に媚びない。今時ただの茹で卵を堂々とメニューに出しちゃうわけですから。でも、半熟具合は絶妙で、それにきれいにカットされたスティック状のバゲットが添えられていたりして、どこか完成されている。やっぱりこの食べ方が一番美味しいわよね、なんて妙に納得するんです（笑）。こういうところも含めて、カフェは文化が生まれる場所。そうした定番メニューを前に、思索したり、待ち合わせて誰かが誰かを紹介したり、議論したり。コーヒー一杯で何時間も居座られては、お店からすると商売にならないかもしれませんが（笑）。

下重 ちなみに「ブラッスリー」っていうのは何なのか、カフェやビストロとの違いがいまいちわからないのよね。どう違うのかしら？

河村　ブラッスリーが生まれたのは、カフェよりもずっと後ですね。一八七〇年に普仏戦争が起き、ドイツとの国境に近いアルザス地方からパリへ移ってきた人々が、ビールを提供する居酒屋を開いたのが始まりと言われています。戦時中、パリには軍人をはじめ多くの外国人がいて、その人たちにビールを振る舞う店が喜ばれたわけです。外国人向けにワインではなくビールを出す。料理もフレンチだけでなく、その国の人が好みそうな物を出す。それがブラッスリーの始まりです。ブラッスリーには元々「ビール醸造所」という意味があります。一八七六年創業の「ル・ガロパン」というブラッスリーがパリ旧証券取引所の横にあって、今でも営業しています。とても有名な店ですね。

忘れ得ぬパリの女《ひと》

下重　カフェといえばテラス席が人気だけれど、一階の奥にある席や二階は、常連の席として決まっていたりするって聞いたことがある。

河村　そうですね。今でも観光客と地元の常連、上客をあからさまに分けて座らせる店もあります。

下重　昔の話になるけれど、アナウンサー時代に可愛がっていた後輩がパリに渡って絵描きになって、彼女の紹介で普通の客はめったに通さない、二階のリザーブ席に通してもらったことがあるの。

河村　それはどういった状況だったんですか？

下重　彼女が当時師事していたシュールレアリスムの画家がその店をよく

使っていて、そのつてで通してもらえて。その女性がまた、パリがよく似合う人だった。日本人であれほどパリの街に馴染んでいる人も珍しい。毛皮のコートをさりげなく着こなして、細い煙草をくわえたりなんかしてね。

河村 素敵ですね。ヌーベルヴァーグの女優さんみたい。その方の絵もぜひ拝見したいな。

下重 なかなかいい作品で、日本でも個展を開いたりしていましたよ。残念ながらもう亡くなってしまったけれど。

河村 そうなんですか。それにしても単身パリに渡って暮らすって、相当なことだと思います。ご苦労もなさったんでしょうね。

下重 名が出るまでは、子供と二人で毎日毎日キャベツばかり食べていたこともあった、なんて話もしてたわね。日本にいれば不自由のない暮らしができたのだろうけど、彼女はどうも会社勤めには向かなくて、画家の道を選んだ。なかなか肝が座っているわよね。

河村　私自身、体験してきたからわかりますけど、女一人、しかも画家として外国でやっていくって大変なことです。それをやり抜いたって、すごい。きっと聡明で行動力のある方だったんでしょうね。

下重　行動力があったのは確かだけれど、やり手とか強気とか、そんなタイプの人じゃないのよ。むしろ、不器用で要領の悪い人だった。

河村　意外ですね。さぞかし優秀で勝気な方なのかと。

下重　とんでもない。仕事のことで叱られるのは仕方ないんだけど、彼女が叱られているのを見るとちょっとかわいそうで、私はよく声を掛けてたの。そうしたら彼女も私を慕ってくれて、彼女がパリに渡った後も交流が続いたわけ。正直なところ、アナウンサーに向いているかはわからなかったけれど、心根の優しい人でね。私がパリで筒描き*7の展覧会を開いたときも、いの一番に来てくれて。「自分も展覧会をやるから、最初のお客がどれほど嬉しいかよくわかる。だから私はあなたの最初のお客になるんだ」って。

河村 純粋な優しい方なんですね。

下重 本当に繊細な人なのよね。それについては、ちょっと忘れられないエピソードがある。あれは何年前のことだったかな……彼女、パリの街なかで突然泣き崩れてしまったことがあってね。

河村 泣き崩れた！　一体何があったのでしょう？

下重 彼女のことを長年可愛がっていた、ある男性が亡くなったの。かつて私たちと同じ職場にいた男性で、彼も私のように彼女のことを気に掛けていて、会社をやめた後も、展覧会だなんだと何くれとなく面倒を見ていたのね。その方が亡くなったことを、パリで彼女に会ったときにさり気なく話題にしたの。「知ってた？　お亡くなりになったわよね」と。そう伝えた途端、その場で倒れ込むように泣き崩れてしまった。街のど真ん中だから、当然人の目を集めるわよね。まるで私がいじめて泣かせたようにも見えるじゃない？

河村 何と言うか、不謹慎ですけど映画のワンシーンのよう。

下重 パリの通りの真ん中で、美しい女が泣き崩れていて、そばでもう一人の女が途方に暮れていて……。一体何が起きたんだと思うわよね。

河村 その男性の死が相当ショックだったんですね。とても特別な人だったのでしょう。でもその場で泣き崩れてしまうというのは、やはり感性が普通の人とは違いますね。

下重 そうね、その意味でもパリに来て画家になったのは正解だったんだと思う。異国で暮らすのは大変なことも多かったとは思うけれど。

河村 私もそう思います。確かに日本人がフランスで暮らすのは覚悟がいることです。でもフランスという国には、どんな人でもとりあえず拒まず受け入れてくれる包容力のようなものがある。もちろん、そこで生きていけるかどうかはその人次第ですけど、ともあれ個の意志や自由を尊重する文化については、日本とはまったく違いますね。

下重 彼女が自分らしく生きられる場所がパリだった……ということなんでしょうね。ハチャメチャなところもある人だったけど、私にとっては忘れられない人、平沢淑子さん。パリの忘れ得ぬ女《ひと》だわね。

＊1　フランスでは月の名前にRの付く、九月から四月が牡蠣の旬と言われている。

＊2　数字で分類されていて、小さい数字ほど大きな牡蠣になる。

＊3　赤ワインビネガーにエシャロットを刻んだものを混ぜたソース。

＊4　フランス料理界の巨匠。

＊5　一八七二年創業。パリで初めて牡蠣とシャンパンを提供し、フランス産キャビアの生産を初めて手掛けたことでも知られる。二〇二三年より三つ星シェフのヤニック・アレノがプロデュースしている。

＊6　パリ五区、六区に位置するエリアで、学生の街として知られる。

＊7　筒に入れたのりを布へ絞り、藍で染める方法。のりを落とすと、模様が白く残る。

Chapitre

4

パリに生きてパリに眠る

芸術と共にある暮らし

パリ、とっておきの美術館

河村 先生は美術館が本当にお好きですよね。もうパリの美術館はほとんど巡り尽くしたのではないですか？

下重 とんでもない！　まだまだよ。でも、ルーヴルやオルセーはもちろん、名所と呼ばれる美術館にはことごとく足を運んだわ。もう、どれだけ行ったかわからないくらい。

河村 パリには大小合わせてたくさんの美術館がありますから、自分好みの所を探す楽しみが尽きませんね。

下重 そうね。私の美術館好きは、父の影響も否定できないかな。私の父は画家になりたかった人で、美術学校に行こうとひそかに学んでいたの。でも代々軍人の家に生まれた長男で、当然跡を継ぐものと考えていた祖父や祖母は大反対。父が絵の勉強に出掛けるのがバレると、水を張った洗面器を両手に持たされ、画家を諦めると言うまで廊下に立たされたんですって。仕方なく軍人のエリートコースである幼年学校から士官学校へと進むことになったけれど、父の部屋はアトリエのようだった。私はその父に反抗して、戦後なぜ画家になる道を貫かなかったのかと責めたけど、時代を考えるとかわいそうなことをした。私は幼い頃、父の集めていた画集を見て育ったの。今なら私が父を連れて、パリのほうぼうの美術館を見せたかったと思うのよ。

河村 先生の美術好きはお父様譲りだったんですね。自由に絵を描いたり、鑑賞できたりするのって、とても幸せなことなんですよね。

下重 本当にね。ところでフランスに行くたびに新しい美術館が出来てるけれど、新しいルーヴル美術館ができたわよね?

河村 はい。二〇一二年、パリから日帰りでも行けるランスという街に開館しました。紀元前三十五世紀から十九世紀の中頃まで西欧美術五千年の歴史を、二百点以上のパリ・ルーヴル美術館の作品によって体験するというコンセプトです。ルーヴルのダイジェスト版といったところでしょうか。

下重 美術のスペシャリストとして、おすすめの美術館はある?

河村 昔からありますが、意外に知られていないのが、シャンゼリゼの先生の常宿、ランカスターホテルの近くにあるジャックマール・アンドレ美術館でしょうか。この美術館は素晴らしいです。エドゥアール・アンドレとその妻ネリー・ジャックマールの個人邸宅をそのまま美術館にしたものですが、ボッティチェリにマンテーニャ、ウッチェロなど、イタリアの名品がずらり。「こんな名画がここにあったのか！」と感嘆します。それに建物と内装が凝っていて素晴らしく、きっと芸術的な感性がすごく刺激されると思います。有名どころほど混んでいないので、穴場と言ってもいいかもしれません。

下重 そういう所こそ、パリの美術館巡りの醍醐味かもしれないわね。

河村 ちなみに、この美術館のサロン・ド・テ（ケーキやお茶を楽しめる店）は「パリで一番美しいサロン・ド・テ」と言われていて、ここでいただくお茶は本当に優雅な気分にさせてくれます。ケーキも美味しくてたくさんの種類があり、ホール状の物がワゴンで運ばれてくる。美術館とお茶、両方楽しめるのが魅力ですね。

下重 最近見た中では、ルイ・ヴィトンの美術館も面白かったわね。

河村 ブローニュの森にある、フォンダシオン・ルイ・ヴィトンですね。展示されているのはアンディ・ウォーホルなど、現代アートのコレクションが中心です。

下重　建物が独特よね。ガラスをふんだんに使っていて、スタイリッシュで、他の美術館とは一線を画す魅力がある。アメリカの建築家、フランク・ゲーリーがデザインしたもので、独特なガラスの外壁は、陽の光の反射まで緻密に考えられているんですって。ルーヴルやオルセーが好きな人には異色に感じられるかもしれないけれど、最新のアートが見られて、自分の世界をまた広げてくれる気がする。

河村　そう言えば、サンジェルマン・デ・プレのドラクロワ美術館、覚えていらっしゃいますか？

下重　もちろん！　サンジェルマン教会の裏手にひっそりとある美術館ね。あそこもとても良かった。目立たない小さな美術館だけど、こぢんまりとしていて、作品をじっくりと堪能できるのよね。

河村　あの美術館はドラクロワが近くにあるサン＝シュルピス教会の壁画を描くにあたり作った、アトリエであり、住居だった場所なんです。

公開されているアトリエ、サロン、庭は当時ドラクロワがこの場所にいたことを感じさせてくれる。時間が止まったようです。

下重 ルーヴル美術館で見る有名な「民衆を導く自由の女神」や「アルジェの女たち」のような大作とは違ったドラクロワが見られる。「ロミオとジュリエット」なんて本当に素敵だったわ。ああいう隠れ家的な美術館って、私大好きなの。

河村 先生、ちょっと変わった美術館もお好きですよね？

下重 うん、美しいだけでなくどことなく気味の悪い所も好き。例えばギュスターヴ・モロー美術館とか。

河村 神秘的というか、幻想的というか……。絵の持つ独特の世界観に引き込まれてしまう魔力がありますね。

下重 でしょう？　人によって好き嫌いが分かれるかもしれないけれど、ギュスターヴ・モローの世界には人間の業とか悲しみとか、人の奥底に隠された物語を容赦なく突き付けて来るインパクトがある。陰鬱だけれど、人の心を捉えて離さないのよね。

河村 美しいだけが芸術ではありませんからね。

下重 パリの美術館や美術談義を始めたら、キリがない(笑)。止まらないわね。

セーヌ川の氾濫で気づくこと

下重 美術館もそうだけど、せっかくなら自分だけの何かを見つけたり、自分だけの楽しみ方みたいなものを発見したりしてほしいと思うのよね。パリを訪れたことがある人も、初めて訪れるという人も。

河村 同感です。私、パリで三十年以上暮らしましたけれど、それでもまだまだ知らないことも、訪れたことのない場所もあります。街を歩くたびに何かしら発見がありました。奥深い歴史と、そこに暮らす個性豊かな人々がいる。興味は尽きません。

下重 月並みな言い方だけど、街並みそのものがアートだものね。最初にセーヌ川と橋の話をしたけれど、とうとうと流れるセーヌ川とそこに浮かぶ船だって、それだけで絵のよう。橋に施されたさまざまな装飾も橋脚も、芸術以外の何物でもない。

河村 装飾といえば、何年か前の豪雨でセーヌ川が氾濫したとき、日に日に川の水位が上がって行くので、橋に施された彫刻像のどの辺まで上がって来てるかが、連日報道されていました。「本日、ついにズアーブ像の首まで水位が上がり、非常に苦しそうだ」とかニュースで言うんです（笑）。確かにこの像は洪水の指標にされているのですが……。

下重　橋の彫刻が水に浸かるって想像もつかないけれど、「像が苦しそう」って、そんな報道の仕方にもフランスらしいエスプリを感じる（笑）。

河村　確かにフランスっぽいユーモアですよね。でも、当時は本当に大変だったんですよ。地域によっては、アパルトマンの一階は水浸しで住めなくなってしまったし、オルセー美術館やルーヴル美術館も収蔵品の一部を避難させていたし。おまけにセーヌ川をすみかにしていた白鳥たちも行き場を失って、ペタペタと道路を歩いていました。

下重　それは……笑えないわ。界隈に住む人も美術館も災難だったわね。

河村　普段は穏やかなセーヌ川ですが、二十世紀に入ってから、十回以上大きな洪水が起きています。パリの街は素晴らしく芸術的だけど、自然災害や社会、そこで生きる現実も同時進行で切り離せないと、身をもって感じました。

パリの「ドラッグストア」

下重 「自分だけのパリ」を探すということで言えば、お買い物もそうよね。有名ブランドで買い物するのもいいけれど、そんなことばかりしていたら、結局人と同じになっちゃう。そんなの、もったいないじゃない？

河村 ブランド物だけだったら、今時パリでなくてもどこでも買えますからね。

下重 たまたま見つけた街の雑貨屋さんなんかにフラッと立ち寄って、そこで気に入った物を買うとか、そういう楽しみ方をした方が、かけがえのない旅の思い出になるんじゃないかしら。

河村　先生と一緒に行った凱旋門近くにあるピュブリシス・ドラッグストア、ああいう所も楽しいと思いませんか？　古き良きパリとは違いますけど。

下重　楽しかった！　面白い物がたくさん並んでたわね。文房具もあれば、世界中の雑誌や新聞もあって、長居してしまいそうな店よね。ちなみに「ドラッグストア」って、日本だと薬とか日用品とか食品とか、そういう物を売る店を指すけど……。

河村　ピュブリシス・ドラッグストアは店の名前ですから、いわゆるドラッグストアではないですけど、一応小さな薬局が中に入っていて、タバコ屋さんとかちょっとしたパン屋さんもあり、惣菜や雑誌類が揃っているから、「ドラッグストア」っぽいかな？　コンビニのないパリで、夜中の二時まで開いているというのもいいですね。

パリの風物詩・デモに思う

下重 パリならではといえば……私にとって忘れられないのは「デモ」ね。あれも、ある意味面白いわよね。

河村 そうですか⁉ 実際に暮らしていると本当に不便ですよ。

下重 確かに不便には違いない。タクシーに乗っていたら途中で下ろされちゃうこともあるし。

河村 そうそう、タクシーでもバスでも「ここから先は歩いてください」なんて、突然強制的に下ろされちゃうんですよね。見知らぬ場所で下ろされたりしたら、もう最悪。「どうしろっていうの⁉」って言いたくなる。でも文句を言っても始まらないってみんなわかっているから、黙々と歩いて目的地へ向かうんです。

下重 観劇もそうよね。せっかく奮発してオペラ座のいい席を買って、後は観るばかりになっていたのに、前日に突然大道具さんがストライキするから中止とか、そういうことも少なくない。

河村 あります、あります。

下重 でも、スト自体は決して悪いことではないと思う。暮らしている人や観光客にとっては迷惑この上ないけど、それが自由の象徴でもあるから。フランス人って、日本人みたいに管理され過ぎていないでしょ。日本も一昔前まではデモもあったけれど、今は少なくなった。もっと言いたいことを言ったらいいと思うのに。

河村 そうですね。フランス人は概して自己主張が強いです。そして、ただ文句を言うだけでなく実行に移す。もちろんそうでない人もいますけど、主張したい考えがあって、それを影響力のある形で訴えるためにデモをする。主に社会制度や現政府に対してですが、市民が権力へ講じる最終手段ですよね。意志を伝えるにはデモをするしかない、と。

下重 力づくの強硬手段よね。良いか悪いか賛否はあると思うけれど、意見を曲げずに主張するというのは、本来人間にとってやるべきことだと思うのね。パリでデモを体験すると、迷惑だなあと思う反面、そういうことも痛感するの。やっぱりここぞという時は、ストライキでもデモでも、行動を起こすべきだろうって。

河村 フランスの人は、確かに感情に駆られて行動を起こすという場面も多いかもしれません。国民が遊説中の政治家に生卵をぶつけたり、野党の国会議員が対立する与党議員に公の場で手を出したり、そういうことが結構ありますからね。激しいんですよ、私たち日本人の想像が及ばないくらい。

下重　やや過激だけれど、そういうところが魅力でもあるわよね。デモに直面するとそういうフランスの一面が見られて、ちょっとワクワクしなくもない（笑）。

河村　男性と肩を並べて働く女性も、すごいですよ。主張が激しくて。みんながみんなではないけれど、バリバリ働く女性はガンガン言う。私の知人で、ある組織の管理職を務める女性は上司とやり合って、公衆の面前で張り手を食らわされたと言っていました。でも、涙なんか絶対に見せない。

下重　やり合うのがいいかどうかは別として、頼もしいわよね。遠慮せず食って掛かるのは、私は嫌いじゃない。仕事ではね、人前で涙なんか見せちゃいけないのよ、絶対に。泣いたら負け。自己主張するなら、そのくらいの覚悟がないとだめです。

名画に登場した「北ホテル」

河村　お洒落で華やかなサンジェルマン・デ・プレ、カルチェラタンの五区や六区、高級な一区やシャンゼリゼ通りのある八区は人気のエリアですけど、下町情緒を楽しむなら、モンマルトルの丘のある十八区や、バスティーユ広場の東に広がる十一区あたりがおすすめですね。

下重　下町といえば、パリ十区のサン・マルタン運河も忘れちゃいけない。あの近くに『北ホテル』[*1]という映画の舞台になったホテルがあるでしょう?

河村　マルセル・カルネ監督の『北ホテル』、名画ですね。ええ、あの建物は今でもあります。

下重 私はあの映画が大好きなの。下町人情に溢れていて。小さくて地味で、素敵なホテルとは言いがたいけれど、あの時代の下町の匂いを持ったままの人情がまだ残っている気がするのよね。一度は泊まってみたかった。

河村 今は建物の一階部分だけがレストランとして営業していますね。建物が老朽化して解体の話が出ていたようですが、地元の人たちや映画のファンから反対されたこともあり、建物を残すことになったようです。映画では労働者が集まる食堂のように描かれていますけど、今の北ホテルのカフェは当時の面影を残しつつ、親しみやすい雰囲気です。

下重 北ホテルのそばに運河の水位が変わる地点があって、川の高さが急に上がったり下がったりするのを見ているだけで面白いのよ。『北ホテル』に限らず、『大運河』『男と女』『恋人たち』……私はこういうフランスの古き良き映画が好きなのだけれど、こういう名画を観て、物語にゆかりのある場所を訪ねてみるのも楽しいんじゃないかしら。

河村 そうですね。パリのいたる所にそういった場所が残っていますから。

心に残るホテルのおもてなし

河村 ホテルと言えば、先生はパリではいつも同じ所に泊まられますね。シャンゼリゼの凱旋門寄りの道を入った所にある、大きくはないけれど洒落たホテル。レストランの食事もおいしいですよね。

下重 ランカスターね。フロントの人たちが、チェックインすると『お帰りなさい』って言うの。一年か二年に一度は泊まるから、顔なじみになっていて。そういう所があると、旅先でありながら我が家に帰ったみたいで、ほっとするのよ。フロントを抜けると、お茶の飲めるロビーの先に中庭があるのね。そこに等身大の鶴が二羽向き合っていて、気に入っていたのだけれど、この間行ったときには取り払われていて寂しかった。きっと庭の中にテーブルが増えたせいね。少しずつ変化はあるけれど、根っこは同じ私の宿だと感じられる。どの部屋になるかはその時によるけど、それぞれ特色があって毎回楽しみ。同じホテルでもみんな違う顔をした部屋なの。便利な大型ホテルはできるだけ遠慮して、自分の気に入ったホテルに行き着くまで、どのくらいかかったかしら。

河村　私はまだその境地にはたどり着いていないですね。ひいきにしているホテルはいくつかありますが……。

下重　ヴァンドーム広場界隈にある有名ホテルの数々や、コンコルド広場の超高級ホテル、クリヨンにも泊まってみたわ。クリヨンは一度泊まったらちゃんと覚えていてくれた。お値段を気にしなければ、さすがね。何に感激したかって、食事の最後にハーブティーを頼んだら、いろいろな生のハーブが植えられた木の箱をウエイターが運んで来て、「どれにしますか?」って聞くの。私がミントとカモミールを選ぶと、それをはさみで切ってくれる。日本でも同じように楽しめる所があったらいいなと思うのだけれど、そんな手間の掛かることはしないわね。でも手間こそ心遣い、ぐっとくるおもてなしだったわ。

河村　効率だけを考えたら、わざわざそこまでしないでしょうね。お客様を楽しませたいというホスピタリティはもちろん、もてなす人たちもどこか楽しんでいるのかもしれません。

モネの愛したセーヌ河畔の街・ヴェトゥイユ

下重 パリを旅するなら、少し足を伸ばして近郊の田舎を訪ねるのもいいわよね。セーヌ川沿いにある、あの素朴な可愛らしい街とか……。

河村 パリから車で一時間くらいのヴェトゥイユですね。以前訪れたときはフランス在住の版画家、長谷川彰一[*2]先生ご夫妻が案内してくださいました。

下重 十年以上前になるかしらね。私がパリで筒描きの展覧会を開催したとき、長谷川先生が奥様といらして、そのまま先生の車に乗って、先生のお住まいがあるヴェトゥイユを訪ねたんだったわね。

河村 観光地ではありませんが、とても素敵な街ですよね。街というより村といった方がいいかもしれません。印象派の画家モネが暮らしていたことで知られ、彼の晩年の家、ジヴェルニーの有名な「モネの家」からも近い。フランスには美しい村がたくさんありますが、ヴェトゥイユは指折りの存在と言ってもいいかもしれませんね。広場を中心に教会、市役所、パン屋さん、骨董屋さんなどが並んでいます。

下重 みんなで手作りのアイスクリーム屋さんに行ったわよね。あのアイスクリーム、とても美味しかった。たしか街でたった一つのアイスクリーム屋さんだとか。

河村 長谷川先生が連れて行ってくださったレストランも素敵でした。フォアグラのテリーヌがとても美味しかったですよね。洗練され過ぎていない素朴さがまた、パリのレストランとは違って良かった。外のテーブル席で、夕陽がとてもきれいでした。

下重　そういえばあの日、セーヌの川べりまで行って、長谷川先生の勧めで渡し舟に乗ったわよね。舟というよりただの台みたいな、車輪が付いたブリキの舟で対岸へ渡ったけれど、私、あの体験が今でも忘れられない。初夏の気持ちのいい日、いかにもフランスの田舎の人という風体の船頭さんが、竿で生い茂った水草をかき分けながら、お客を乗せて長閑に渡し舟を漕いで行く……。あの雰囲気、最高だったなあ。

河村　観光客用の物でなく、地元の人たちのための足として使われているみたいですね。

下重　昔読んだ小説で、タイトルが思い出せないのだけれど、まさにヴェトゥイユを彷彿とさせる作品だったわね。パリ郊外の村、セーヌ河畔の家にたった一人で住む中年の未亡人がいて、毎夕セーヌの川べりを散歩する。そんなある日、ある男性がやって来て……という何気ない話なんだけれども、ヴェトゥイユの風景を見たとき、その小説の世界を目の当たりにしたかのようで、心底感動した。許されるなら、何年か住みたいくらい。

河村　フランスにはそんな小さな街や村が少なからずあります。都会だけでなく、できれば田舎の小さな街も訪れてみてほしいですね。そこではパリとはまったく異なったフランスの別の顔、本来のフランスの豊かさに触れることができると思います。

個性豊かなパリの墓地

下重　私ね、パリに来たら毎回必ず行く場所があるの。たぶん、あなたとはまだ一度も行ったことがないと思う。

河村　まだ一緒に行ったことがなくて、先生が必ず行く場所……どこでしょう？

下重　墓地よ。

河村　墓地！　そうでした、先生は墓地がお好きでしたね。

下重　パリのお墓って、日本と違って一つひとつがとても個性的でしょ？　シンプルに平らな石を置いただけの物もあれば、奇抜で凝ったデザインの物もある。あれは生前に自分でデザインするのかしらね。私が初めて訪れたのはモンパルナス墓地だったんだけれど、名だたる人たちのお墓があって、それを見てすごく感動したの。

河村　モンパルナス墓地は有名ですね。確か、サルトルとボーヴォワールのお墓もありましたね。

下重　そう。あの二人のお墓は面白かった。ピンク色で、たくさんキスマークが付いていて、シンプルだけどかなりユニーク。そこに見知らぬ人がやって来て、並んだお墓にさりげなくお花を置いていったりしているのがまたいいのよね。

河村　有名人が眠るお墓といえば、ペール・ラシェーズ墓地もよく知られていますね。こちらにもたくさんの芸術家、著名人が埋葬されています。作家ではモリエール、ラディゲ、バルザック、コレット、オスカー・ワイルド、先生のお好きなプルースト、アポリネール。画家ならドラクロワ、アングル、スーラ、モディリアーニ、ローランサン、歌手のエディット・ピアフにマリア・カラス、イヴ・モンタン、舞踏家のイサドラ・ダンカン……こうやって並べてみるだけで、すごい人たちばかり！

下重　私の大好きなショパンのお墓もあるのよね。ショパンのお墓は私が想像していた通り、ちょっと甘くて可愛いお墓。まわりには色とりどりのお花がたくさん飾ってあってね。ショパンは戦時中パリへ渡り、ここに眠ることになったけど、遺族によって心臓だけが持ち帰られ、ワルシャワの教会に安置されているそうよ。そういえば雪の日に、一時間掛けてショパンの実家を訪ねたけど、折悪しく工事中で、柵の外から眺めただけだったな。

河村 お墓にはドラマがあるんですね。

下重 そう、ドラマが、物語があるのよね。フランス人は生きていることを精一杯楽しむけど、それは対極にある死というものをよく考えているからじゃないかと思うの。死と言うと、抗い切れず連れて行かれるものって考える人も少なくないんじゃないかしら。フランス人の場合、全然そうじゃなくて、自分から生きて自分から死ぬ、という心構えを感じる。前向きというか潔いというか、それもまた私がパリで墓地を訪れたくなる理由の一つなのよね。

モンパルナスに眠る、ある日本人画家の生涯

下重 パリのお墓はその人の人生を表している。私がそう感じるようになったのには、あるきっかけがあるの。

河村 どんなことでしょう？

下重 私がＪＫＡの会長をしていたとき、パリで自転車競技の大会が開催されてね。その時知ったんだけど、今から七十年ほど前、ある日本人男性が代表選手としてパリに渡ったの。優秀な選手で、なおかつ非常に教養があって。

河村 文武両道、なかなか実践できることではありませんよね。

下重 引退した後、子供の頃から好きだった絵の道を志し、彼が向かった

のは……。

河村　パリ、でしょうか？

下重　ええ。絵を描く人にとっては、きっと人一倍憧れる場所よね。彼にはもともと絵の才能があって、競輪選手より画家になりたかったそうなの。

河村　それまでは戦争に翻弄され、個人の一存ではどうにもならなかった背景もあったのでしょうね。

下重　異なる世界に足を踏み出した、まさに第二の人生の始まりよね。

河村　でも時代を考えると、いくら情熱があっても、いきなりパリで生活するのは今よりずっと難しいと思うのですが……。

下重　彼を応援した人は一人ではなかったのだろうけど、その中に、とある大会社の取締役を父に持つ女性がいてね。どうやらその女性がいろいろとサポートしていたようなの。

河村　映画のような話ですね。子供の頃からの夢を叶えようと画家にならんとした一人の男性と、彼を愛した大会社のお嬢様。

下重　その女性はお嬢様ではあるけれど、日本の有名大学を卒業したキャリアウーマンでもあって、そういう人がキャリアを投げ打って恋に身を投じるって、なかなかできないでしょう？

河村　きっとものすごく情熱的な二人だったんですね。それで、お二人はその後どうなったのでしょう？

下重　男性はその後夢を叶えて、画家になりましたよ。幸いパリで人気が出て、日本でも認められて。もちろんその女性と結婚して、お子さんも生まれて、その後もずっとパリで暮らしたの。でも、残念ながら二〇〇〇年に癌で亡くなられてね、その御遺骨の行き先が……。

河村　もしかして、モンパルナス墓地に？

下重　そう、その通り。彼のお墓参りでモンパルナス墓地に行ったことから、私の墓地巡りが始まったわけ。奥様によれば、彼は死ぬ前からどこへ葬ってほしいか、どんなお墓にしたいかを言い遺していたというの。画家だから、自分で思ったような墓石をデザインしたのね。彼が自ら思い描いたのはどんなお墓なのか、拝見しようと……。

河村 それをきっかけに、墓地巡りにはまられたんですね。

下重 彼のお墓を見たとき、お墓のデザインも、モンパルナス墓地に眠っていること自体も、彼自身の生き方が表れている彼の物語だと感じたの。その後奥様も亡くなって、同じ所に眠られているわ。

河村 パリという場所は、そういう物語が紡がれやすい風土があるのかもしれませんね。

下重 私もそう思う。生い立ちも経歴も何もかも違う二人が、出会って、恋に落ちて、ここで生きて、ここで死ぬ。そういう物語がとても似合う街だと思うのよ、パリという所は。アトリエには、彼の絵と自転車が飾られていた。永六輔さんの友人であり、二人で本も出している加藤一《はじめ》という画家です。

河村　パリでドラマチックに生きたお二人の姿が目に浮かぶようです。パリにはこうでなければいけない、という社会の通念、縛りがない。「あなたの人生なんだから、あなたの物語を生きれば良い」と、それを当然のこととして受け止めている歴史がある。

下重　その個々の物語をね、また感じさせてくれるのが墓地なわけ。だからね、あなたも墓地巡りをしましょうよ。

河村　うーん、墓地ですか。素敵なお話でしたけど、墓地巡りをする境地になるのはもう少し先かな？（笑）

デュラス・劇場《テアトル》・インディゴブルーの夜

下重　さっき、筒描きの展覧会を開いたという話をしたけれど、その時はアパルトマンを借りて、一か月近くパリに滞在したの。

河村　展覧会の会場は、エッフェル塔の近くにある日本文化会館でしたね。

下重　そう。あの時は毎日会場に通って、一日中、見に来てくださるお客様に作品の説明をしたりして。日本人よりもフランス人のお客様が多かった。

河村　パリでは日本文化に対する関心が高く、芸術的感性の強い人が多いですからね。そういえば、開催期間中に講演会もされていましたね。しかもフランス語でお話になった。

下重　最初の十分だけね。私は若い頃からフランスかぶれで、フランス映画や音楽を楽しむだけじゃなく、フランス語も勉強していたのだけれど、人前で話すとなるとやっぱり大変。展覧会を開催したときにはフランス人男性から個人レッスンを受けて、必死で勉強し直したのよ。彼はパリに鴉《からす》はいないと言う。確かに郊外より少ないようだけれど、ゴミ収集車の来るたびに見かけました。そんな雑談をしつつね。

河村　フランスにどっぷり浸かる時間を過ごされたんですね。それもまた楽しかったのではないでしょうか。

下重　そうね、あれは本当に楽しい日々だったわ。エッフェル塔のふもとで、つれあいは毎日マルシェに通っては料理をしていたわね。ちょっとでも普通の生活をしてみると、観光とはまた違ったパリが見えてくる。アパルトマンの窓から外を眺めていると、雨が降って来て、慌てて走って行く人がいる。傘を持つ人も少ないのね。そんな、何でもない日常生活を垣間見るだけで楽しいの。

河村　滞在されていたとき、一緒にデュラスの芝居を見に行きましたよね。『サヴァナ・ベイ』*3という二人芝居ね。あの舞台は生涯忘れられない。

下重　あれほどの舞台は見たことがないわ。

河村　たとえフランス語を完璧にマスターされていなくても、十分に堪能できたのではないでしょうか？

下重　ええ。最初はフランス語が達者でないのに大丈夫かしらと心配だったけれど、それは杞憂だった。言葉自体がわからなくても、芝居の迫力は十分伝わってきた。というより、圧倒されたわね。主演のエマニュエル・リヴァの表現力はすさまじかった。八十代とは思えないエネルギー！

河村　芝居が行われたのは「テアトル・ド・ラトリエ」という、一八二二年から存在する歴史ある劇場でした。

下重　モンマルトルの丘の裏手の広場にひっそりとあってね。小さくて古い風情のある場所ね。大好きなデュラスのお芝居を、それも最高の舞台を見られるなんて、この上ない幸せ。連れて行ってくれたあなたには感謝してもし仕切れないわね。

河村　いいえ、あれも偶然なんです。たまたま先生がパリにいらっしゃるときにあそこで、デュラス作品のシリーズが始まると聞いて。『辻公園』『マルグリットと大統領』そして『サヴァナ・ベイ』の三つです。「絶対に観に行かないと」と思っていたところでした。

下重　実を言うと、エマニュエル・リヴァという女優さんは知っていたの。『ヒロシマモナムール』というデュラスの作品があるのだけれど、一九五九年にアラン・レネ監督の手で映画化されていて、この作品でヒロインを演じたのがエマニュエル・リヴァ。共演したのが日本の俳優、岡田英次。その彼女が八十代になって、なおこれほど素晴らしいお芝居をしていることにも感嘆したのよね。

河村 舞台装置はほとんどなく、白い幕と椅子だけ。シンプルな二人芝居なのですが、モノローグに近い長セリフだけで、あれほど圧倒的なパフォーマンスができるというのは、私も初めての経験でした。最後のシーンで波の音が聞こえて、それからピタッと止んで、ジ・エンド。もう割れんばかりの拍手と「ブラボー」の嵐でしたね。

下重 パリという街なかの小劇場で、あれほど観客を魅了する圧巻の芝居。何と言うか、人生最後の舞台にふさわしいというのかしら。

河村 エマニュエル・リヴァは、あの三年後、二〇一七年に他界されましたね。

下重 他人事と思えないのよね、自分の年齢を考えると……。だから余計に感動したのかもしれない。そして、観劇そのものもさることながら、あの舞台を見た後の夜の空気、充実感は忘れられない。

河村 見終わったのは夜の十時に近い頃でしたけど、外はまだすっかり暮れてはいなくて。劇場近くにあった屋外のカフェで、ミントの葉をぎゅうぎゅうに詰めた、ワイルドなモヒートを飲みましたよね。

下重 そうそう、あのモヒートの味も覚えている。素晴らしい一日だった。芝居も、劇場も、劇場へ行くまでの過程も、一緒に観ている観客も、何もかもがパーフェクトだったと思う。

河村 あの夜の、インディゴブルーの空がまた印象的でした。インクをまいたような、鮮やかなインディゴブルー。

下重 本当に不思議よね。なぜ、あんな色になるのかしら。しばらくして星が瞬き始めて、夜空の下で延々と語り明かしたわよね。話したことは覚えていなくても、何か話さずにはいられないような、そんな夜だったことだけは鮮やかに記憶に残っている。

河村 この上なく楽しいパリの一夜でしたね。

下重 あんな夜は、最初で最後かもしれない。もう明日死んでもいいと思うくらい、充実した一夜。パリならではの魔力、なのかしらね。

＊1　原題は『Hôtel du Nord』。一九三八年。

＊2　版画家・画家。一九二九年〜二〇二三年。一九六一年渡仏、多数の国際版画展での受賞歴を持つ。太陽、月、星、自然の風景、四季の移り変わりなどを繊細な線と独自の視点で表現する。

＊3　原作は『Savannah Bay（サヴァナ・ベイ）』Marguerite Duras,Les Éditions de Minuit（一九八二）。日本では『サヴァンナ・ベイ—デュラス・その愛の劇場』の題で、一九九九年に近代文芸社より刊行された。

エピローグ―エッフェル塔に灯がともるまで―

パリは居る。いつだって同じ所に、同じ顔をして居る。それがパリの良さ。パリをどう味わうかは、その時とその人次第――つくづくそう思ったのはコロナ禍明けの二〇二三年六月、アルバニアというイタリアとギリシャに挟まれた小国を訪問した帰り、パリに寄ったときに感じたことだった。私はヨーロッパ近辺に出かけるとき、必ず帰りにパリに寄るようにしているので、その時も久々にパリに滞在し、いつものパリでいつもの宿に泊まり、そうだ、エッフェル塔をじっくり眺めたことがなかったなと気付いた。

一日中、エッフェル塔の前にあるおしゃれなカフェに陣取って、夜空に照明で浮かび上がるエッフェル塔を確かめよう。

日本へ戻り、「あのカフェの名前は何だっけ？」と真奈さんに尋ねる。トロカデロ広場のカレットだと聞き、そうだったと頷く。お昼過ぎにちょうどカフェの真ん中くらいに席を占めると、正面にエッフェル塔が見えた。少し街路樹が邪魔をしたけれど。そこから何時間いただろう。

店の男性に何時頃照明がつくか聞いたら、夜十時だと言う。昼食を取り、スイーツを味わい、照明がついてから晩餐にすることにして、十時間近く同じ席に座っていた。入れ代わり立ち代わりする人々を眺め、この時はパリにいなかった真奈さんが紹介してくれた宮内好江さん、つれあい、私と三人でいると、あっという間に時が経った。

私たちの会話は時々途切れて、そばに座っている人々の会話がその間を埋めてくれる。たまにまったく音のなくなる瞬間、街路樹のざわめきに耳を傾けるのも楽しく、時計を見るともう八時。それでも暗くならない。

九時になっても十時まであと三十分となっても、空は暮れなずんだまま。結局ギャルソンから聞いた通り、十時に灯ったけれど、空は明るいから、なんだか灯がついいた！　という感じがしない。東京タワーやスカイツリーは、これ見よがしに点灯するのに。

暗くなり始めて灯に気が付いた人々が拍手をして、席を立ち始めた。私たちも彼らと同じようにエッフェル塔のもとへ移動する。

エッフェル塔は実に大きくて、堂々としていて、パリを牛耳っている。近くに邪魔をする物がないから、しっかりと脚を踏ん張って、パリの夜を支配する生き物のようだ。その存在感にはもう、「参りました！」と土下座するしかない。初めてエッフェル塔を身近に感じた。まだ登ったことはないのだけれど、その瞬間、エッフェル塔はしっかり私のものになった。

下重暁子

おわりに

一九九二年七月。単身パリのシャルル・ド・ゴール空港に降り立った私の表情は、緊張のあまり青ざめて強張っていた。日本の美大を卒業後、念願叶って、今まさにフランスでの第二の人生が始まろうとしていたのに。

空港には母方の叔父の配慮で、現地企業に勤めるTさんが出迎えに来てくださったが、その夜のシャンゼリゼ「Fouquet's（フーケッツ！）*」での夕食会もお断りし、宿泊先に直行するのを希望した。Tさんが予約してくれた、オペラ座近くのこぢんまりとしたいかにもパリらしいホテル。独り黙々と荷解きを終え、ホッとした。日が暮れるとさすがに空腹にもなり、レセプションに電話をして「何か部屋で食事はとれないか？」と訊ねた。

それからしばらくして運ばれて来たのがアツアツの「野菜のポタージュ」。じゃがいもや人参やお豆を煮込んでピュレ状にしたフランスの台所のスープ。これが私のパリ到着一日目の初めての夕食となった。

若さゆえの情熱で、自分で決めた「美術を極める」という途方もない、前途多難しかないような道がいざ現実となり、今さらながら怖気付いていたのだ。白い石で出来た美しいパリの街は、どこか冷たくもあり威厳に満ちて、二十代の私の前に堅牢な壁のごとく立ちはだかっていた。

あれから三十余年、私はあの石の壁の扉をいくつ開けたのだろうか？パリでの暮らしが日本よりも長くなり、私は「パリに帰って来る」ようになった。叩いた扉の向こうには、たくさんの出逢いがあり、出来事があり、まだ見ぬ世界にただ怯えていたあの時の私はもう居ない。

十年一区切りで、やっとパリの生活にも馴染んで来た頃、夏のバカンスの想い出を書いたエッセイで賞を頂いた。それが下重先生との出逢いである。旅行作家協会のエッセイ賞選考委員をされていた先生は、たくさんの応募者の中から私を見つけてくださった。感謝である。それから先生が良くパリを訪れることを知り、本当に色々な場所へご一緒させていただいた。大抵はご主人も一緒だから三人旅が多かったのだけれど、それがまた賑やかで楽しかった。

そしてたくさんの旅の想い出も、写真も、整理し切れないほどになったとき、この対談本のお話を頂いた。

先日先生の米寿にお祝いの言葉を贈ったとき、「私こそ素敵なプレゼントを頂きました」と、そう伝えた旅の記憶が詰まった本。先生、もう一度一緒に旅をしましょう！　墓地巡りでも何処でもお供しますよ。

最後に、先生との尽きないお喋りを一冊の本にまとめてくださった藤原千尋さんに心より感謝の意を表します。

また、この本を手にとってくださったお一人お一人に感謝の気持ちを伝えるとともに、私の一番親しい国フランスとパリの旅のエッセンスが届けられれば、これほど幸せなことはありません。Merci beaucoup !

河村真奈

＊　各界の著名人が多く訪れる、シャンゼリゼ大通りにあるカフェ・レストラン。一八九九年創業。

参考文献

『マティス　画家のノート』二見史郎訳　みすず書房（1978年）

『ゴッホの手紙（下）』硲伊之助訳　岩波書店（1970年）

『ファン・ゴッホ美術館所蔵 名画集』ゴッホ美術館学芸員、ルーリー・ズゥイッカー、デニス・ヴィレムスタイン執筆　Van Gogh Museum（2011年）

下重暁子（しもじゅう・あきこ）

1936年生まれ。早稲田大学教育学部国語国文学科卒業後、NHKに入局。アナウンサーとして活躍後、民放キャスターを経て文筆活動に入る。丹念な取材をもとにしたノンフィクションから家族や生き方をテーマにしたエッセイ、評論、小説まで幅広い作品群がある。公益財団法人JKA（旧・日本自転車振興会）会長などを歴任。現在、日本旅行作家協会会長を務める。主な作品に、ベストセラーとなった『家族という病』『極上の孤独』『年齢は捨てなさい』（幻冬舎新書）、『不良という矜持』（自由国民社）、『ひとりになったら、ひとりにふさわしく 私の清少納言考』（草思社）など。

河村真奈（かわむら・まな）

1967年生まれ。多摩美術大学絵画科油画・版画専攻卒業後、1992年に渡仏。レンブラント、ゴッホ、印象派の研究で知られる美術史家パスカル・ボナフ氏に師事し、パリ第八大学美学・美術哲学科で博士前期課程DEAを取得。その後パリ、マティニョンの美術画廊勤務を経て、現地で美術オークションの仕事に従事する。2005年日本旅行作家協会主催、旅のエッセイ大賞受賞。2023年より拠点をフランスから日本に移し、日本の美術オークション会社のプライベート・セール部門担当として活躍。

パリ　世界各地を旅してきた私が惹かれ続ける愛おしい街

二〇二四年七月三十日　初版第一刷発行

著　者　下重暁子
　　　　河村真奈
構　成　藤原千尋
デザイン　林真（vond°）
帯写真　橋本　哲
ＤＴＰ　有限会社 中央制作社
発行者　石井　悟
発行所　株式会社 自由国民社
〒一七一－〇〇三三　東京都豊島区高田三－十－十一
電話　〇三－六二三三－〇七八一（営業部）　〇三－六二三三－〇七八六（編集部）
https://www.jiyu.co.jp/

印刷所　八光印刷株式会社
製本所　新風製本株式会社